COMO RECUPERAR SUA MENTE

COMO RECUPERAR SUA MENTE

CONSELHOS BUDISTAS PARA LIDAR COM A ANSIEDADE

LODRO RINZLER

(autor de Sentar Tipo Buda)

Tradução: Gabriel Falcão

Copyright © 2020 Paul Rinzler
Título original: *Take Back Your Mind: Buddhist Advice for Anxious Times*

Coordenação editorial
Vítor Barreto

Tradução
Gabriel Falcão

Revisão
Dirlene Martins

Projeto gráfico
Mariana Erthal (www.eehdesign.com)

Dados Internacionais de Catalogação na Publicação (CIP)

R584c   Rinzler, Lodro.
            Como recuperar sua mente : conselhos budistas para lidar com a ansie-
dade / Lodro Rinzler ; tradução: Gabriel Falcão. – Teresópolis, RJ : Lúcida Letra, 2024.
            296 p. ; 21 cm.

ISBN 978-65-86133-33-2

    1. Ansiedade - Budismo. 2. Ansiedade - Meditação. I. Falcão, Gabriel. II. Título.

CDU 294.3:616.89-008.441

Índice para catálogo sistemático:

1. Ansiedade : Budismo   294.3:616.89-008.441

(Bibliotecária responsável: Sabrina Leal Araujo – CRB 8/10213)

Todos os direitos desta edição são reservados.
© 2025 Editora Lúcida Letra

⚡Lúcida Letra

LUCIDALETRA.COM.BR   EDITORA INTERDEPENDENTE
Tv. Ranulfo Féo, 36 sala - 211 | Várzea - Teresópolis | RJ 25953-650

Para Adreanna.
Que sorte a minha
ter o seu amor.

SUMÁRIO

INTRODUÇÃO 11

PARTE UM | Por que tanta ansiedade o tempo todo?

1 | Por que essa p*rra desse estresse?......................................18

2 | Os três campos dos pensamentos ansiosos.......................24

3 | Meditação de permanência serena....................................28

4 | Perfurando o casulo..36

5 | Quem é que está sofrendo com essa ansiedade? 40

6 | Redes sociais e os perigos da mente comparativa...........50

7 | A arte de deixar ir...57

8 | Uma prática para lidar com emoções fortes....................69

9 | Percebendo e dispensando narrativas..............................74

10 | O poder da simplicidade 80

PARTE DOIS | Uma notícia boa: você pode relaxar

11 | Descobrindo nossa bondade básica...92

12 | A armadilha da dúvida...99

13 | Despertando seu coração aberto...108

14 | As Quatro Incomensuráveis...121

15 | Deixando o amor fluir...124

16 | Introdução à meditação de bondade amorosa.......................136

17 | Construindo uma sociedade compassiva.................................141

18 | Trocando de lugar com os outros...150

19 | Cultivando a alegria empática..154

20 | O que todos queremos: equanimidade....................................159

PARTE TRÊS | Da ansiedade à atividade compassiva

21 | Nada é tão real quanto a gente pensa
(nem mesmo a ansiedade)..166

22 | Compaixão em meio ao caos...171

23 | Até o seu ex merece a sua gratidão...178

24 | Unindo os imprevistos à meditação...182

25 | Aprendendo a confiar em si...187

26 | Que tal não vomitar sua ansiedade nos outros?.....................192

27 | Lidando com as suas questões diretamente............................198

28 | Pare de se fixar no que não te serve..202

29 | Bandas de rock e pontos dolorosos...207

30 | Conselhos para começar e terminar o dia 211

PARTE QUATRO | Botando a mão na massa: aplicações práticas para seu estilo de vida ansioso

31 | Botando a meditação na massa..216

32 | Quanto mais dinheiro, mais ansiedade 220

33 | Um ambiente de trabalho livre de estresse 228

34 | Como não ter a língua maior do que a boca 235

35 | Erros e desculpas..244

36 | Viagens difíceis.. 251

37 | Amor de verdade nos relacionamentos...258

38 | Quando o mundo de alguém amado se desfaz.........................268

39 | A ansiedade na família moderna..274

CONCLUSÃO...**280**

NOTAS FINAIS **285**

AGRADECIMENTOS **292**

SOBRE O AUTOR **294**

INTRODUÇÃO

P or que será que você sente ansiedade o tempo todo? Se eu te perguntasse sobre o seu nível de estresse, talvez você me dissesse que ele é alto porque:

- O trabalho demanda demais de você.
- Os problemas financeiros são infinitos.
- Seu companheiro ou companheira terminou com você.
- • As discórdias da família estão chegando a um ponto insustentável.
- O mundo está partindo a droga do seu coração.

Mas a questão é a seguinte: essas são as histórias que estão acontecendo com você – neste exato momento. Pode ser que amanhã você receba uma promoção no trabalho, o que faria com que os problemas de tempo e dinheiro parecessem menos assustadores... Talvez você comece a namorar uma nova pessoa e se sinta muito alegre na companhia dela... Ou talvez sua família decida sentar para resolver todas as discórdias. Na maior parte dos dias, parece mesmo que o mundo está pegando fogo, mas talvez a sua ansiedade pare de focar nas questões do mundo e siga para alguma outra coisa. Repentinamente, a situação que te causava tanta dor evapora da sua mente e você esquece porque ela estava te prendendo tanto. É isso que a ansiedade faz: ela procura maneiras de dominar sua mente e sugar sua energia mental até você se sentir mal para cacete – e depois ela segue em frente para focar em outra coisa e repetir esse mesmo ciclo.

Eu sei disso porque sofri de ansiedade a vida toda. Quando eu tinha dez anos, não conseguia ir dormir na casa de um amigo porque era algo muito estressante. Apesar de ter começado a meditar aos seis anos, eu não conseguia simplesmente focar na minha respiração e apaziguar todos os gatilhos de estresse da minha vida (e tampouco espero que você faça isso). Eu precisei praticar diversas modalidades (incluindo as várias técnicas de meditação apresentadas neste livro e [diferentes] formas de compreender como reduzir certos gatilhos) e olhar para minha própria ansiedade, a fim de viver uma vida que me permita notar quando a ansiedade surge, reconhecê-la e voltar para a realidade.

Eu posso dizer que a meditação me ajudou *com* o estresse, mas não que a minha vida seja "livre de estresse" – até porque eu não acho que esse tipo de vida seja possível. Ao longo destes dezenove anos em que eu venho ensinando meditação na tradição budista, já vi inúmeras situações estressantes surgirem na minha própria vida e na vida dos meus alunos de meditação. Ninguém descobriu como erradicar totalmente o estresse. Essa é a má notícia. A boa notícia é que nós podemos aprender a notar a ansiedade surgindo e [escolher] não descer pela toca do coelho o tempo todo. Em vez de focar nossa aten-

ção na história do dia – seja ela baseada em trabalho, dinheiro, relacionamentos, família ou sociedade –, nós podemos focar nossa atenção na própria ansiedade. Podemos olhar no fundo dos olhos da ansiedade e dizer: "Para falar a verdade, eu prefiro gastar minha energia mental em outra coisa, agradecido". A partir disso, podemos deixar que a ansiedade passe através de nós, o que nos permite repousar em uma sensação de relaxamento que está sempre aguardando para ser descoberta.

As lições apresentadas neste livro vêm da tradição budista, mas são destinadas a todas as pessoas. Meu objetivo foi tornar os ensinamentos acessíveis, de forma que você possa utilizar tanto as práticas formais de meditação budista quanto as técnicas que podem recuperar a sua mente em tempo real – sem precisar aceitar quaisquer ideologias ou roupagens religiosas.

Tendo dito isso, o livro de fato se estrutura em torno dos três *yanas*, ou "veículos", que o Buda ensinou há dois mil e seiscentos anos. O primeiro é o veículo básico, às vezes chamado de Hinayana. Eu não sou fã dessa expressão, porque a tradução do termo *hina* pode trazer a ideia de que é um caminho "estreito" ou "menor", então você vai reparar que eu irei me referir a ele como "básico". Essa palavra sugere que o primeiro passo na jornada para recuperar nossa mente é olhar de forma direta para as maneiras pelas quais perpetuamos nosso próprio sofrimento, a fim de minimizar o mal que causamos a nós mesmos e às outras pessoas. A ideia de "básico" também aponta para um aspecto fundamental no qual podemos nos fundamentar: nossa própria bondade básica (já vamos falar mais sobre isso).

Depois de termos estabelecido essa base fundamental na Seção 1, abrindo nossos corações e mentes para as outras pessoas, podemos ampliar nosso foco para além da ansiedade. As Seções 2 e 3 são dedicadas àquilo que é chamado de caminho Mahayana. *Maha* pode ser traduzido como "maior" e *yana* como "veículo". Esse caminho é uma jornada que nos permite viver nossa vida desde um lugar de compaixão, equilibrado por uma compreensão da realidade tal qual ela é.

Na Seção 4, a partir dessa qualidade de "como as coisas são", nós passamos pelos ensinamentos Vajrayana, outro caminho dentro do budismo. *Vajra* significa "indestrutível" e *yana* continua significando "veículo". (Eu juro que este livro não consiste em um monte de termos estrangeiros, mas é que esses são importantes – então eu quero falar deles logo de cara.) O aspecto indestrutível de quem nós somos é a nossa despertez inata. Se fizermos a escolha de nos tornarmos disponíveis de forma autêntica e de peito aberto, poderemos viver e enxergar nossa vida não como um desafio que precisamos suportar, mas sim como algo inerentemente sagrado.

Acredite se quiser: a ansiedade não é uma parte intrínseca sua. Da forma como você é, a sua essência já é íntegra, bondosa e gentil. Quando repousamos na meditação, descobrimos que quem está por trás das histórias que contamos a nós mesmos sobre a ansiedade é a própria ansiedade. Quando olhamos para a ansiedade em si, percebemos que ela é absurdamente mais efêmera do que talvez imaginássemos. Na verdade, por trás da ansiedade existe a paz natural.

O que você tem em mãos é um manual para trabalhar com a sua mente a fim de que a ansiedade não domine a sua vida. Em um nível mais profundo, é uma caixa de ferramentas práticas que você pode utilizar para incorporar a atenção plena e

a compaixão. Em um nível mais profundo, é uma questão de descobrir sua própria bondade básica, começar a confiar nessa experiência e enxergar isso nas outras pessoas, para podermos perceber a bondade na sociedade como um todo. Eu te agradeço por se juntar a mim nesse caminho. Vamos trabalhar juntos para recuperar sua mente.

Lodro Rinzler (1º de junho de 2020)

PARTE UM
POR QUE TANTA ANSIEDADE O TEMPO TODO?

1. POR QUE ESSA P*RRA DESSE ESTRESSE?

R ecentemente eu fui a um jantar com amigos. A música era agradável, a comida deliciosa e a companhia divina. É algo raro conseguir juntar esse grupo de amigos, então havia uma sensação de que aquilo realmente era algo maravilhoso. Em um certo momento, começou a surgir o tema da política (acontece às vezes, né?) e eu percebi quando o meu amigo Jonathan mudou de assunto. Depois, quando estávamos saindo do restaurante, eu o puxei para um canto e perguntei como ele estava. "Desculpa pelo que aconteceu mais cedo", ele disse, "mas eu me sinto tão ansioso que toda noite preciso assistir a uma meia hora de vídeos de animais só para voltar a ter algo próximo do normal."

Eu não tinha a menor ideia de que a ansiedade do meu amigo tinha chegado a esse nível e, embora aquilo me entristecesse, me pareceu melhor assistir a vídeos de animais brincando do que fazer o que muitos de nós fazemos para minimizar a sobrecarga que nos atormenta. Algumas pessoas estão tão próximas do seu limite que têm o hábito de caçar uma garrafa para preparar um drinque. Outras preferem tomar comprimidos. Algumas se abarrotam de trabalho, em um esforço desesperado para "correr atrás do prejuízo" e ficar livre de ansiedade em relação ao trabalho, fingindo que o dia de amanhã não vai trazer consigo novos e-mails a serem respondidos. Portanto... vídeos de animais? Por mim tudo bem dar de ombros e aceitar a estratégia do meu amigo.

A nossa conversa me afetou, fazendo-me perceber como a ansiedade é algo pervasivo e perpétuo para muitas pessoas. Não era apenas o meu amigo que estava vivenciando novos níveis de estresse a ponto de ter ansiedade. De acordo com um estudo, a ansiedade é o principal problema de saúde mental entre as mulheres e o segundo entre os homens (perdendo apenas para o uso de drogas e álcool). No entanto, esse problema desenfreado raramente é encarado como uma epidemia de saúde pública. Quase quarenta milhões de pessoas sofrem de algum tipo de transtorno de ansiedade nos EUA, de acordo com a Anxiety and Depression Association of America.

Falando honestamente (e eu gosto de pensar que podemos ser honestos uns com os outros), é exatamente isso que está acontecendo: uma epidemia. A ansiedade é o abacaxi que muitos temos de descascar, a questão da qual todo mundo sempre quer se livrar, mas da qual ninguém nunca fala a respeito.

Eu provavelmente deveria definir dois termos que eu acabei de usar: estresse e ansiedade. O estresse é considerado como a reação do seu corpo a um gatilho – seja a um e-mail raivoso na sua caixa de entrada ou a um engarrafamento quilométrico – e geralmente é uma experiência de curto prazo. Já a ansiedade foi definida como um "transtorno de saúde mental duradouro", que pode surgir a partir de um gatilho de estresse, mas que não se dissipa. A ansiedade inclui um elemento cognitivo e uma resposta fisiológica (na forma de estresse), o que significa que a nossa experiência da ansiedade ocorre tanto na mente quanto no corpo.

Uma forma de pensar a distinção entre estresse e ansiedade é entender que o estresse é uma resposta a alguma ameaça, enquanto a ansiedade se manifesta mesmo quando não existe nenhum tipo de perigo real no momento presente. Seu aluguel está prestes a vencer e você não tem dinheiro para pagar? Neste caso, estamos falando de um gatilho de estresse. Você não consegue parar de pensar na conversa esquisita que teve com a proprietária do seu apartamento? Isto significa que você já entrou no campo da ansiedade e, em vez de focar em algum perigo de verdade, está em um padrão cíclico que te prende a essa resposta de "lutar ou fugir". Em outras palavras, a ansiedade se instala na mente e fica lá, levando a: dores de cabeça frequentes, sono agitado, tonturas, desmaios, vertigem, mal-estar frequente, irritabilidade, problemas gastrointestinais, sensação de sobrecarga, dificuldade de concentração, lapsos de memória e até mesmo perda de desejo sexual. A ansiedade é como um véu invisível que nos mantém desconectados do mundo ao redor. Ela obscurece a nossa visão e nós nos tornamos incapazes de enxergar além daquilo que está nos causando estresse no dia de hoje.

Mas e se eu te dissesse que você pode levantar esse véu? E que, depois de fazer isso, existe um mundo enorme e lindo que você

pode simplesmente aproveitar, apenas pelo fato de que você está enxergando além da sua camada de estresse e ansiedade?

É nesse momento que eu introduzo o assunto da meditação. Tudo bem, eu sou professor de meditação e venho guiando as pessoas nessa prática ao longo de mais da metade da minha vida – eu comecei a ensinar aos dezoito anos, quando ainda estava na faculdade. Eu fui criado por pais budistas e comecei a meditar quando tinha seis anos de idade. Quando eu era criança, isso era considerado algo esquisito – não foi o único motivo de eu sofrer *bullying* na escola, mas também não vou dizer que não contribuiu para isso. Hoje em dia a prática se tornou algo tão onipresente que eu aposto com você que o mesmo garoto que implicava comigo na escola atualmente está utilizando algum aplicativo de meditação.

E por que não? Nos dias de hoje, ao passear pelas redes sociais, a cada semana você encontra um novo estudo científico listando os benefícios de uma prática de meditação consistente. Você dorme melhor. Você estimula o seu sistema imunológico. Sua produtividade aumenta. Sua criatividade também. E você vai dar *match* no Tinder como nunca.

Só para deixar claro: esse último exemplo eu inventei. Ou, melhor dizendo, quando eu escrevi este livro, a melhora na habilidade de arrumar encontros ainda não era um resultado cientificamente comprovado da meditação. Mas todos os outros benefícios são reais. Alguém que esteja lendo com bastante atenção talvez até mesmo note que eu deixei de fora um benefício muito conhecido: a redução do estresse.

Eu fiz isso por dois motivos. Em primeiro lugar, dê outra olhada nessa lista. Todos esses benefícios me parecem consequências de ser uma pessoa menos estressada. Com menos estresse, você dormiria melhor, certo? Sua produtividade aumentaria, porque o fato de não viver refém da ansiedade faria com que você conseguisse focar no seu projeto atual. Se o seu corpo não estiver preso no modo "lutar ou fugir", eu imagino que ele conseguiria se recuperar melhor e você teria mais espaço para a criatividade. Esses benefícios surgem simplesmente por você ter menos estresse na sua vida.

O segundo motivo para eu não incluir a redução do estresse na lista é porque eu acho esse termo um pouco equivocado. Infelizmente, estabelecer uma prática de meditação não quer dizer que você terá uma vida melhor do que as outras pessoas, ou que menos coisas estressantes vão acontecer com você. Você ainda vai ter os mesmos problemas financeiros que tem agora, meditando ou não. Seu ex ainda vai ser seu ex. Sua ex ainda será a sua ex. Aquele parente chato ainda vai te encher a paciência regularmente. Todas as fontes de estresse ainda vão estar presentes – sua vida não vai ser como em *Querida, Encolhi as Crianças*, com tudo em tamanho menor.

À primeira vista, "redução de estresse" faz parecer que, se você meditar, nunca mais vão acontecer coisas estressantes com você. Sua caixa de e-mails vai estar sempre vazia de gente te pedindo favores, as pessoas que você ama vão agir exatamente de acordo com as suas expectativas e, cada vez que você ligar a televisão, o mundo vai ostentar a mais absoluta perfeição. Mas esse não é o mundo em que vivemos.

A boa notícia é que a meditação *vai* mudar a sua forma de se relacionar com essas coisas. Você pode lembrar que é o dia do vencimento da fatura do seu cartão de crédito, mas, em

vez de passar cada segundo se estressando até que ela esteja paga, você terá treinado respirar fundo e apreciar o seu café da manhã. Seu ex ainda é seu ex, mas, graças à meditação, isso é algo que vai ocupar menos terreno na sua mente do que antes. Aquele parente chato ainda vai fazer a mesma coisa desagradável, mas você não vai ficar carregando isso consigo o dia inteiro; você aumenta sua capacidade de reconhecer o que essa pessoa fez e deixar isso de lado.

Eu medito há mais de trinta anos e posso dizer que, definitivamente, na minha vida ainda existem situações que geram ansiedade. Infelizmente, nós não podemos pegar algo como a meditação e dizer que ela vai milagrosamente apagar o potencial de situações estressantes surgirem. Em vez disso, precisamos mudar nossa forma de pensar sobre a meditação, para que ela seja definida como o cultivo de uma relação diferente com o estresse.

Já que o mundo vai continuar pegando fogo, tanto de forma metafórica quanto literal (sim, eu estou falando de vocês, Califórnia e Austrália), nós precisamos de várias ferramentas para que, durante esses tempos atribulados, possamos manter o pé no chão, a mente sã e (por que não?) até mesmo o coração aberto. Assistir a vídeos de animais é uma coisa maravilhosa de se fazer, mas isso só trata os sintomas da ansiedade. Em algum momento, nós precisamos arregaçar as mangas e tratar a própria doença.

Você pode viver sem tanta ansiedade e sem tanto estresse. Você pode treinar sua mente para encontrar contentamento, paz e alegria – até mesmo em meio a circunstâncias difíceis. Embora isso exija certo empenho, os benefícios duram a vida inteira.

2. OS TRÊS CAMPOS DOS PENSAMENTOS ANSIOSOS

Toda experiência é precedida pela mente,
Conduzida pela mente,
Feita pela mente.
Ao falar ou agir com a mente pacífica,
A felicidade vem logo atrás
Como uma sombra permanente.

- Buda

Existem milhões de outras traduções para as palavras acima, ditas pelo Buda, incluindo a onipresente "Nós somos o que pensamos", que significa que aquilo que começa em nossos pensamentos se manifesta de inúmeras formas em nossa vida. Cada experiência nossa tem origem no que surge na mente, portanto precisamos compreender como nossas mentes funcionam.

Para entender melhor a mente, vamos falar sobre os três campos nos quais estamos constantemente jogando: o individual, o interpessoal e o social.

O campo individual é onde há você e sua própria mente – essa que às vezes fica ensandecida e estressada, fazendo com que você precise dar um pouco de espaço para que ela se assente, a fim de lidar com a sua ansiedade. O campo interpessoal é quando você se levanta da almofada de meditação e encontra pessoas de quem você gosta, de quem você não gosta e indivíduos que você não conhece. Eles também estão ansiosos e sofrendo; se você não tomar cuidado, pode acabar gerando um diálogo entre seu próprio sofrimento e o sofrimento deles – e aí todo mundo sofre mais ainda. O campo social é a sociedade, um termo chique que significa as pessoas de quem acabamos de falar. Ela não é uma coisa enorme *lá fora* – existe aqui e agora, composta por você e pelas pessoas de quem você gosta, de quem não gosta ou as que você simplesmente ignora.

Quando você está no metrô, indo para o trabalho pela manhã, aquele vagão é uma sociedade temporária da qual você está participando. Você pode escolher se disponibilizar para interagir de forma gentil, sorrindo para as outras pessoas e oferecendo seu lugar quando for necessário. Por outro lado, você pode se sentar tentando se esconder de todos, ou extravasar seu estresse e sua frustração por conta do atraso e afetar de forma negativa as pessoas ao seu redor. A escolha é sua – e ela constantemente se apresenta para você.

Além da sociedade do transporte coletivo, existe também sua sociedade do trabalho, sua sociedade da família e até mesmo sua sociedade da residência, composta por você e aquela pessoa especial, alguém que divide o espaço com você ou um gato. Cada uma delas é uma sociedade que nós estamos cocriando em um dado momento. Como você se disponibiliza para essas sociedades é algo que está totalmente sob seu controle – e o caminho para ter um efeito positivo nelas se baseia em trabalhar com a sua própria mente. Quanto mais você compreender a sua mente, mais você vai ver como, em última instância, seus pensamentos afetam sua forma de falar e de agir (afetando, portanto, as pessoas de quem você gosta, não gosta ou nem nota) e como todos nós juntos criamos essa coisa que chamamos de sociedade.

Imagine que você decida usar óculos com as lentes cor-de-rosa. Tudo o que você observar ao longo do dia vai parecer rosa, certo? É assim que a ansiedade nos influencia. Quando estamos plenamente conectados à nossa ansiedade e permitimos que ela tinja a nossa experiência, nós enxergamos o mundo através da nossa atual narrativa ansiosa. Nós vemos algo no jornal e pensamos: "Será que isso vai ser bom para mim? Ou simplesmente vai piorar aquela coisa que está me estressando?" Nós pegamos um engarrafamento a caminho do trabalho e pensamos: "Eu vou me atrasar pela segunda vez este mês – talvez eles me demitam!" Quando os carros começam a andar outra vez, nós abandonamos esse pensamento e encontramos outro fator externo para reforçar nossa história negativa.

Nós vemos nossa vida pessoal, nossos relacionamentos interpessoais e todas as pessoas ao nosso redor através das lentes da ansiedade. Os ensinamentos e práticas de meditações

oferecidos neste livro nos permitem remover esses óculos cor-
-de-rosa, para que possamos começar a enxergar a realidade
com mais clareza.

3. MEDITAÇÃO DE PERMANÊNCIA SERENA

Se você puder aceitar o seu corpo, você tem a possibilidade de enxergar seu corpo como sendo sua casa. Você pode repousar no seu corpo, se assentar, relaxar e sentir amor e conforto... Você precisa se aceitar tal qual é.

- THICH NHAT HANH (*How to love*, p. 23)

Eu vou te pedir para fazer algo assustador: ficar com a sua mente. Nós vamos fazer isso com a meditação.
Será que eu já consegui te vender o peixe dessa tal de meditação? Meu Pai do Céu, eu espero que sim. Este é o meu sétimo livro sobre o tema e, embora eu fique empolgado que esses objetos continuem a ser encontrados e lidos por bons seres humanos como você, eu te garanto uma coisa: se a pessoa não começar a praticar enquanto lê estas palavras, ela não vai obser-

var de fato a transformação que eu estou prometendo.

Essa transformação específica faz parte do caminho básico do budismo. No lar budista onde eu cresci, esse caminho era chamado de *Hinayana*, um termo que pode ser traduzido como "veículo estreito". Como eu já disse na introdução, acho essa expressão um pouco pejorativa e por isso prefiro "básico" – porque não há nada de estreito em relação a trabalhar com sua própria mente e seu próprio coração para, no fim das contas, ajudar as outras pessoas. Os ensinamentos desta primeira seção do livro dizem respeito ao veículo básico e incluem a prática que eu mais gosto de apresentar: *shamatha*.

Shamatha é uma palavra em sânscrito que pode ser traduzida como "permanência serena" ou "repouso pacífico". Talvez você já tenha ouvido falar dela como "atenção plena à respiração". A atenção plena pode ser descrita como permanecer com o que está acontecendo no momento presente, sem julgamentos. A ansiedade, por outro lado, é permanecer com o que talvez, quem sabe, possa acontecer – e julgar essa possibilidade como algo negativo. A prática de shamatha é uma maneira de fazermos as pazes com nós mesmos e com o nosso mundo, ainda que ele não pareça estar sempre pacífico. Ela não é uma forma de modificar nossas circunstâncias externas e eliminar inteiramente as situações estressantes (se você conseguir encontrar a varinha mágica que consegue fazer isso, me avise, por favor). Em vez disso, nós vamos encarar longamente o estresse e chegar à incrível conclusão de que não precisamos ir atrás de cada um dos pensamentos ansiosos que está surgindo.

Aqui vai a minha ressalva: shamatha é difícil. É algo que vale a pena – mas, como no aprendizado de qualquer habilidade nova, é preciso praticar e se acostumar. O resumo das instruções é o seguinte:

- Adote uma postura ereta, porém relaxada.
- Sinta o seu corpo respirando.
- Quando você se distrair, traga sua atenção de volta para a respiração.

Acabou. Talvez você pense: "Nossa, é tão simples, até eu consigo fazer isso!" Aí você se senta para tentar, imaginando que vai ter um pouco de paz antes de surgir algum pensamento... e descobre que a sua mente está uma bagunça e você tem milhares de pensamentos em menos de um minuto. A essa altura, dizer que é possível domar a mente ansiosa na prática de meditação é como entrar no mar e tentar mudar a maré com as mãos.

Se você começar com um estado mental incrivelmente agitado, beleza. Sério. Esse é o sabor da sua mente em um dia qualquer. Talvez no dia seguinte seja um pouco mais fácil encontrar e permanecer com a respiração. Após uma semana de prática consistente, lá está você curtindo o fluxo da respiração por alguns ciclos antes de se distrair. O que era inicialmente difícil agora parece um pouco mais simples.

Assim como nos treinamentos que você talvez tenha feito em outras áreas da sua vida (aprender a tocar um instrumento musical, por exemplo, ou se preparar para correr uma maratona), aqui você vai começar de onde você está e gradualmente incrementar seu aprendizado ao longo do tempo. Não é tão diferente da transição entre mal saber como se segura um violão e tocar uma canção do The Cure, ou entre derreter de suor depois de uma caminhada mais vigorosa e correr mais de trinta quilômetros – só que aqui a transição é entre uma mente superestressada e uma mente mais disposta a relaxar, mesmo em situações estressantes.

INSTRUÇÕES DETALHADAS DE SHAMATHA

A forma mais simples de descrever shamatha (meditação do repouso pacífico) é assim: quando estamos relaxando com a sensação natural da respiração e inevitavelmente nos distraímos, nós simplesmente retornamos para essa influência estabilizante, uma vez após a outra. (Você pode acessar uma gravação dessa meditação em lucidaletra.com.br/pages/ansiedade) Para analisar um pouco mais detalhadamente, aqui vão os três elementos a se considerar: corpo, respiração e mente.

CORPO
- Adote uma postura relaxada, porém ereta. Sinta o peso do seu corpo afundar na almofada ou cadeira debaixo de você. Se você escolher se sentar no chão, cruze as pernas suavemente para que seus joelhos fiquem um pouco abaixo do seu quadril. Caso você prefira se ajoelhar, não tem problema. Apenas mantenha suas pernas paralelas, para não gerar tensão nas costas. É importante sentir um certo "aterramento" ao se sentar para meditar.

- Alongue gentilmente sua coluna, quase como se um fio no topo da sua cabeça estivesse te puxando para o céu.

- Permita que os músculos dos seus ombros e das suas costas relaxem em torno dessa estrutura óssea.

- Levante suas mãos, dobrando os cotovelos, e deixe as palmas das mãos caírem sobre as suas coxas – isso é um eixo natural do corpo, que te permite dar suporte para as suas costas.

- Deixe que o seu crânio se equilibre naturalmente no topo da sua coluna, com o seu queixo levemente encolhido.

- Relaxe os músculos do seu rosto e gentilmente destrave a mandíbula. Se quiser, você pode encostar a língua no céu da boca, para permitir que sua respiração ocorra livremente.

- Se você já estiver acostumado a meditar com os olhos fechados, não tem problema. Permita que suas pálpebras se fechem suavemente. Como nossa intenção aqui é despertar para o que está acontecendo no momento presente, eu recomendo que você tente meditar com os olhos abertos, repousando seu olhar, de forma relaxada e solta, em um ponto do chão a uma distância aproximada de 1 metro a 1,5 metro.

RESPIRAÇÃO

Há tantas áreas da nossa vida que somos tentados a consertar, controlar ou manipular o que quer que esteja acontecendo... Na prática de shamatha, nós abrimos mão dessas tendências ansiosas e relaxamos com a sensação física da respiração tal qual ela é.

- Quando você inspirar, perceba que você está inspirando.

- Quando você expirar, relaxe com a sensação da expiração.
- Não há nada para consertar, nada para mudar. Simplesmente relaxe com a respiração.

MENTE

- Alguns professores de meditação afirmam que nós temos algo entre 60.000 e 80.000 pensamentos ao longo de um dia. Eu diria que, às vezes, parece que todos esses pensamentos chegam correndo ao mesmo tempo, bem na hora em que você se senta para meditar. Você vai ter pensamentos, isso é algo completamente normal. A ideia aqui não é se livrar dos pensamentos – até porque isso é algo impossível de ser feito. Pedir para a nossa mente parar de pensar é como pedir para o nosso coração parar de bater. Em vez disso, basta reconhecer quando um pensamento tentar nos levar para longe do momento presente. Nós reconhecemos isso e em seguida retornamos para a influência tranquilizadora e estabilizante da respiração.
- Caso isso ajude, você pode dizer "Pensamento" quando notar que viajou para o passado ou para o futuro. Você observa que existem pensamentos, reconhece a existência deles dizendo "Pensamento" e depois volta a sentir o corpo respirando. Nós fazemos isso várias e várias vezes.
- É importante sermos extremamente amigáveis com nós mesmos durante a meditação. Se você estiver tendo muitos pensamentos, depois de reviver pela décima vez a mesma discussão na sua mente, talvez você sinta a tentação de, em

vez de falar "Pensamento", começar a gritar internamente: "PENSAMENTO!". Nesse caso, você está perpetuando a agressão que surgiu dentro de você, em vez de enxergá-la como o que de fato é e simplesmente escolher não ceder a ela.

- Quando você notar uma certa frustração surgindo, tente dizer "Pensamento" com o tom mais gentil, quase como se estivesse tentando fazer com que um cachorrinho filhote saísse debaixo da cama durante uma tempestade. O animalzinho está lá, aterrorizado, e nós apaziguamos nosso coração e dizemos: "Vem cá, vamos fazer isso juntos".

UMA VARIAÇÃO DA TÉCNICA TRADICIONAL

Embora eu tenha aprendido a praticar shamatha usando a palavra "Pensamento", percebi que, em nossa era moderna, devido ao fato de que muitos de nós perpetuamos nossa autoagressão durante a meditação, pode ser útil levar essa ideia a outro patamar, a fim de combater tal tendência. Quando você se distrair, em vez de dizer "Pensamento", você pode usar as palavras "Eu te amo". É um pouco mais difícil agir de forma superagressiva consigo quando você está se ofertando perdão e aceitação, ao dizer "Eu te amo".

Uma observação importante: dizer "Eu te amo" não é a atitude tradicional budista em relação a essa prática e, embora eu raramente me desvie dos ensinamentos tradicionais, isso é um experimento para o qual eu estou te convidando. Se você quiser se juntar a mim nisso, escolha uma sessão de meditação

para tentar dizer essas três palavras quando você se distrair: "Eu te amo". Você estará oferecendo para si um momento de gentileza antes de retornar ao corpo respirando. Não alterne entre "Pensamento" e "Eu te amo" durante uma mesma sessão de prática. Isso vai acabar te distraindo e você vai passar o tempo inteiro tentando avaliar qual das duas opções você prefere. Em vez disso, você pode tentar cada uma em um dia e ver qual delas bate mais fundo em você.

Mas não importa o que você diga quando se distrair durante a meditação, o ponto central é que você pode ser gentil consigo a cada vez que voltar para a respiração. Você pode se oferecer compreensão e uma aceitação calorosa, ao mesmo tempo em que interrompe os pensamentos estressantes quando eles surgirem. Cada vez que você reconhece que se distraiu e retorna para a respiração, você está criando novos caminhos neurais baseados na seguinte crença: "Você não precisa ir atrás de cada pensamento ansioso que surge". Essa percepção é uma notícia extremamente boa e através dela nós alcançamos a compreensão de que a prática é algo extremamente benéfico para nós. Quando mais nós fizermos amizade com a totalidade de quem somos, durante a meditação, menos poder a ansiedade vai ter sobre nós.

Shamatha – ou prática de atenção plena à respiração – é a base de todas as outras práticas que eu vou apresentar ao longo deste livro. Dedicando esse tempo a permanecer com o corpo respirando, nós vamos descobrir mais sobre quem realmente somos. Vamos descobrir que não precisamos ir atrás dessas histórias ansiosas que pipocam na nossa mente, que podemos relaxar e nos aceitar e que não precisamos construir um casulo para nos esconder do mundo.

4. PERFURANDO O CASULO

Nós nos cercamos com nossos próprios pensamentos familiares, para que nada pontiagudo ou doloroso consiga nos tocar. Nós temos tanto medo do nosso próprio medo que entorpecemos nosso coração.

- CHÖGYAM TRUNGPA RINPOCHE
(SHAMBHALA: SACRED PATH OF THE WARRIOR, P. 52)

Muitos de nós andamos por aí com uma armadura composta de nossa própria ansiedade e neurose. Na tradição Shambhala, a linhagem budista na qual eu iniciei meu treinamento, existe um ótimo termo para essa armadura: *casulo*. Nós ficamos tão perdidos em nossa própria cabeça que construímos uma história após a outra sobre o que quer que esteja nos estressando naquele dia, nos cobrindo com uma grossa camada de pensamentos exclusivamente sobre nós – a ponto de ser difícil enxergar para além desse casulo que nós mesmos criamos.

Quanto mais focamos em "mim" e "minhas necessidades", mais grosso fica o casulo e menos atenção nós conseguimos prestar ao mundo ao redor. Nós fazemos isso de forma consistente, com a expectativa de que nada de doloroso ou amedrontador nos alcance. Pode ser preciso que alguém nos envie uma mensagem inesperada, chamando nossa atenção para uma crise pessoal, ou que chegue (mais) um alerta ao nosso celular, noticiando que uma tragédia nacional aconteceu, para que nós possamos acordar da nossa ansiedade-daquele-dia e abrir nosso coração para os outros.

No entanto, quando você medita regularmente, isso *afeta* esse casulo de alguma forma. É como se uma pequena faca fosse encostando nessas camadas e gradualmente cortando os fios das nossas neuroses. Cada vez que você percebe os pensamentos ansiosos e retorna para a respiração, você está perfurando a tendência de entrar nesse redemoinho – e isso faz com que as paredes do casulo amoleçam.

As pessoas se interessam muito pela ideia de atenção plena e de estar mais presente, mas, depois que pratica por algum tempo, você começa a entender que ela também te torna muito gentil. A prática de shamatha não é apenas uma oportunidade de se conhecer melhor ou observar seu estresse mais claramente. Cada vez que você se perde nos pensamentos e retorna, na verdade shamatha é uma oportunidade para ser gentil consigo. "Ah, me distraí de novo. Beleza, não tem problema. De volta para a respiração."

Isso é o oposto do que muitos de nós costumamos fazer,

que é usar a meditação como uma forma de nos criticar ainda mais: "Eu sou uma pessoa horrível!", "Eu mal consigo permanecer com a respiração", "Eu sou um fracasso na vida, inclusive na meditação". Nossa Senhora. É muito difícil de aguentar esse nível de autoagressão. Como eu mencionei nas instruções de shamatha, a melhor coisa a se fazer quando você se distrair é ser absolutamente amigável consigo, plantando as sementes da gentileza juntamente com as sementes da presença.

Depois que você estabelece uma prática profunda de meditação, é como pegar uma britadeira, colocar bem no centro do casulo e ligar o aparelho na potência máxima. Quanto mais você meditar, mais você vai perfurar as camadas de confusão ao redor do seu coração, o que vai te deixar em um estado muito vulnerável, amoroso e à flor da pele.

O ato de meditar é um ato de destemor. Na tradição Shambhala, "destemor" não significa encontrar alguma dimensão secreta na qual nós não sentimos medo, mas sim olhar diretamente para o medo e ficar presente com ele até que ele se transforme e se modifique.

Quando pensamentos ansiosos ou amedrontadores surgem na prática, você tem uma escolha: você pode ir atrás deles ou pode tentar algo diferente. Você pode tentar abrir mão das histórias que você se conta e simplesmente permanecer com a emoção subjacente. Você está treinando sentir o que sente, sem julgamentos.

Quando você se torna capaz de sentar com a sua experiência atual, seja algo bom, mau ou feio, você percebe que o casulo começa a ficar menos rígido; você pode colocar sua cabeça para fora e respirar outra vez. Você fica mais disponível para

o mundo ao redor e pode apreciar suas experiências do dia a dia. O gosto da água é delicioso. O calor do sol te cura. O latido animado dos cães aquece o seu coração. Essas coisas já estavam presentes antes, mas foi preciso que você olhasse diretamente para a sua mente e relaxasse um pouco o controle sobre si para poder começar a percebê-las. Na verdade, talvez você comece até mesmo a vislumbrar que é possível abrir mão inteiramente das suas apertadas camadas de padrões habituais e ansiedade, afrouxando o seu ego o suficiente para vislumbrar sua bondade básica.

5. QUEM É QUE ESTÁ SOFRENDO COM ESSA ANSIEDADE?

Todo mundo nasce pelado – o resto é se montar.
- RuPaul Charles (*Letting it all hang out: an autobiography*)

RuPaul revolucionou a cultura *drag queen* e, mais do que qualquer outra pessoa, fez com que se tornasse algo acessível. Ele tem várias máximas que gosta de repetir, incluindo "Todo mundo nasce pelado – o resto é se montar", que talvez seja a imagem mais precisa que eu já vi para a noção budista de samsara. *Samsara* é um termo em sânscrito que significa o ciclo de sofrimento que perpetuamos em todos os momentos da nossa vida. É a forma como constantemente nos embrulhamos em um casulo feito de paixão,

agressão e ignorância; indo atrás do prazer e tentando desesperadamente evitar a dor. Essa tensão entre querer apenas as coisas boas da vida e ter um medo desesperador de que qualquer coisa dê errado é onde mora a ansiedade.

De fato, nós nascemos pelados, livres de estresse e ansiedade, mas ao longo do tempo somos influenciados por histórias pouco úteis trazidas por nossos pais, amigos, professores escolares e celebridades – basicamente todo mundo. As histórias podem ser:

- Pessoas que têm a mesma cor de pele que eu são boas.

- Pessoas que não têm a mesma cor de pele que eu são assustadoras ou perigosas.

- Você é desse gênero e seu destino é ser assim para sempre.

- Essa forma de sexualidade é uma maneira positiva de expressar amor.

- Essa outra forma de sexualidade é tabu.

E assim por diante... Antes de conseguirmos pensar por nós mesmos, recebemos esse influxo com todos os tipos de narrativa que formam nossa visão de mundo. Aproveitando essa ideia de "nascer pelado" do RuPaul, a reverenda Angel Kyodo Williams Sensei, professora zen, apresentou uma perspectiva budista dessas narrativas:

> "Eu cheguei um ser deslumbrante, genial, mágico, perfeito, consciente, compassivo, querendo amar as pessoas e querendo me conectar. Devido a uma série de eventos lamentáveis, as estruturas sociais inibiram meu amor, mi-

nha compaixão, meu desejo de me conectar a você e de te ver. [...] Então eu estou literalmente sendo liberada de algo – e não liberada para algo. Eu não preciso desenvolver nada. Eu só tenho que cultivar a bondade básica e natural da minha humanidade, com a qual eu já cheguei [...]."

Para resumir as reflexões da Angel: todos nascemos bondosos e abertos, mas, por meio das histórias sociais que nos são ensinadas por todo mundo (desde nossos cuidadores até as pessoas que criam anúncios na internet), nós acabamos ficando atolados em conceitos que nos impedem de ter uma conexão verdadeira com os outros.

Acumulamos histórias que têm uma influência formativa no nosso comportamento e no que acreditamos que devemos nos tornar. A partir disso, representamos essas narrativas ao longo de nossa vida, nos montando com esses conceitos – como *drag queens*. Sharon Salzberg, cofundadora da Insight Meditation Society, uma vez disse o seguinte: "Nós demarcamos o território das nossas identificações, tanto individuais quanto coletivas, como se elas tivessem algum significado intrínseco – quando, na verdade, estamos basicamente desenhando linhas no espaço".

Plantão urgente: você não é nenhuma dessas construções mentais! Ao remover as expectativas e as ideias fixas que acumulou ao longo da vida, é possível que você redescubra a bondade e a ausência de limitações. Sua natureza é a paz. Você é inteireza e completude. Mas você se veste com várias ideias inventadas e elas te separam da sua experiência do momento presente.

Dia após dia, nós desenvolvemos diversas opiniões sobre o que é certo e o que é errado, pensamos em nos identificar com certas pessoas, religiões, movimentos etc. Nós vamos empilhando esses conceitos um em cima do outro (tipo um Transformer) para criar um grande conceito que gera um "eu" cheio de ansiedade – construindo o que os budistas chamam de ego. A noção budista de *anatman*, que é um termo em sânscrito para dizer "não-eu", aponta para a simples verdade de que as histórias que nós contamos a nós mesmos, para formar esse ego, não são tão permanentes e reais quanto talvez acreditemos.

Minha versão de "mim mesmo" tem tantos indicadores que eu preciso observar – muitos dos quais causam sofrimento:

- Eu sou um professor de meditação relativamente eloquente.

- Eu sou um autor prolífico.

- Eu sou um ótimo marido.

- Eu sou um amigo gentil.

- Eu tenho todos os meus cabelos.

Eu poderia continuar indefinidamente. Nenhum desses indicadores de quem eu acho que sou são muito ruins, né? Mas sejamos sinceros: eu poderia muito bem dar uma péssima palestra sobre budismo amanhã e meu conceito sobre ser um bom professor talvez fosse destruído. Minha esposa parece gostar bastante de mim, mas será que ela realmente diria que eu sou um "ótimo marido" todos os dias do ano? (Provavelmente não.) Além disso, meu cabelo está começando a ficar meio ralo, então eu não deveria ter incluído isso na lista.

A questão é que eu posso acabar me apegando a essas características para identificar quem eu acho que sou e, quando inevitavelmente surgirem evidências demonstrando que elas não são totalmente corretas, eu poderia me sentir arrasado e ficar confuso sobre o que diabos é um Lodro, no fim das contas. Além disso, a energia mental que eu gastar pensando sobre a minha queda de cabelo ou sobre quão boa vai ser alguma palestra é basicamente energia desperdiçada.

Esse é o modo de funcionamento do ego: sempre que alguma coisa não acontece exatamente como eu pensei que fosse acontecer ou como eu queria que acontecesse (seja na minha carreira, na minha vida amorosa, com meus amigos etc.), a minha mente registra isso como um ataque à minha própria existência. É por isso que muitos de nós enxergamos um término como sendo um sinal de que não merecemos ser amados, em vez de ser apenas um sinal de que não encontramos a pessoa certa; nós fazemos com que o foco da situação não seja simplesmente aquilo que aconteceu conosco, mas sim a própria essência de quem somos. Nós ficamos constantemente reificando as coisas e tentando dar sustentação ao ego, o que acaba perpetuando muito sofrimento dentro da nossa própria cabeça. É realmente um esforço muito grande tentar fazer com que tudo aconteça exatamente da forma como nós queremos. Mas isso não acontece só com você e comigo; literalmente todas as pessoas seguem esse padrão – e por isso existe tanta dor (autogerada) no mundo.

Sabe aquele político que você acha abominável? Ele é uma construção mental composta de múltiplas camadas de conceitos e experiências que geram seu modo de agir, suas morais e valores e a forma como ele acha que o país deveria ser. Os racistas que fazem passeatas contra qualquer pessoa que não se pareça com eles? Mesma coisa: eles foram aculturados (provavelmente desde muito novos) em um certo sistema de crenças que faz com que pensem que estão fazendo a coisa certa. Para mim e para você talvez baste uma olhada rápida para chamá-los de "monstros", mas eles acreditam que são heróis – baseando-se nas histórias que ouvem desde muito cedo (e que continuam a repetir para si mesmos).

Muitos dos problemas sistêmicos com os quais estamos lidando agora nasceram muito antes de nós – mas a raiz da perpetuação deles está no nosso próprio ego. Como a professora Zenju Earthlyn Manuel, da tradição zen, disse: "Raça, sexualidade e gênero nascem a partir dessa consciência de que 'eu sou isso'. Os sentimentos e percepções que se seguem a essa consciência dão origem a uma experiência de vida baseada nas aparências. Raça, sexualidade e gênero são perpetuados quando as experiências pretéritas deles são carregadas para o presente". Mesmo se tivermos herdado dos nossos pais (e, antes disso, dos pais deles) os conceitos de raça, gênero e sexualidade, nós temos uma oportunidade, hoje, para confrontar esses aspectos do ego e fazer escolhas mais conscientes sobre a forma como tratamos as outras pessoas.

Com o ego, ao longo do tempo nós construímos uma identidade completa e agimos a partir de uma perspectiva de autopreservação. No entanto, por meio da meditação, nós podemos aprender a desfazer alguns desses padrões e não levar a nós mesmos (ou aos outros) tão a sério. Nós podemos, como RuPaul disse em outra ocasião, "usar nossa identidade como um traje folgado". Podemos aprender a questionar algumas de nossas crenças e pressuposições sobre as outras pessoas e a criar espaço interno suficiente para acomodar perspectivas diferentes da nossa, sem perpetuar mais sofrimento.

Imagine que você está seguindo normalmente com o seu dia e alguém do trabalho te envia um e-mail desagradável. Em resposta a isso, podem surgir narrativas internas como "Essa pessoa sempre é assim. Ela não deve ter recebido educação dos pais", ou "Claro que ela está tentando me fazer ficar mal na foto – todo mundo quer o meu cargo", ou ainda "Se eu não der certo nesse emprego, vou acabar como indigente, morando debaixo da ponte".

Todo dia eu encontro individualmente com vários dos meus alunos de meditação e, de alguma forma, quando existe uma percepção de algum tipo de ameaça no trabalho, isso toma uma proporção imensa na cabeça deles – a ponto de acreditarem que vão acabar como indigentes. Partindo de um simples e-mail desagradável na caixa de entrada, isso é um baita salto. É preciso algum tempo e umas cutucadas gentis para que eles consigam perceber que morar debaixo da ponte não é a realidade da situação. A realidade é que alguém fez alguma coisa de uma forma diferente da que você queria que ela fizesse – e isso levou a uma mentalidade de "eu" contra "você", o que desencadeou um medo e uma ansiedade profundos.

Essa mentalidade dualista de "eu" contra "você" é a base do sofrimento interpessoal, assim como do sofrimento social em geral. É aquela história: está tudo tranquilo e favorável na sua relação de amizade com alguém, mas aí a pessoa faz algo do qual você discorda e você a enxerga como vilã até que as coisas se resolvam. Ou então: essas pessoas no governo são abomináveis e o seu partido é o que está de fato buscando o bem do país. Nós criamos constantemente essa polaridade, agrupando as pessoas em dois campos, o de quem gostamos e o de quem não gostamos, a partir de nossas próprias expectativas e do acúmulo de décadas (às vezes séculos) de tendências habituais e sistemas de crença.

Nos meus livros anteriores, às vezes eu me referia de forma casual à época em que eu colaborei com a campanha de 2012 do Obama, como coordenador de campo. As pessoas faziam de tudo para deixar uma avaliação na Amazon: "O livro é ótimo, só queria que ele não tivesse falado de política". Eu não posso ignorar que enxergo o mundo político a partir de uma certa visão, mas eu posso te garantir, Querida Pessoa Que Está Lendo Meu Livro, que não tenho o menor interesse em sectarismo político. O mundo da política às vezes parece não ser muito diferente do futebol: as pessoas escolhem um time e querem que ele vença. O outro time é considerado um lixo e nós desejamos tudo de pior para eles, porque são do mal. Eu estou aqui para dizer que isso é uma babaquice.

Para podermos caminhar rumo a uma sociedade mais sã e compassiva, precisamos parar de colocar a culpa dos nossos problemas nesse "outro" amorfo fora de nós. É como o professor budista tibetano Chögyam Trungpa Rinpoche disse: "Nós podemos culpar a organização. Nós podemos culpar o governo. Nós podemos culpar a polícia. Nós podemos culpar o clima. Nós podemos culpar a comida. Nós podemos culpar as rodovias. Nós podemos culpar nossos próprios automóveis e nossas roupas. Nós podemos culpar uma infinidade de coisas. Mas somos nós que não estamos abrindo mão, que não estamos desenvolvendo simpatia e calor humano o suficiente – e isso nos torna problemáticos. Então não podemos culpar ninguém".

Nós precisamos olhar para dentro e lidar com nossas próprias manifestações egoicas de sofrimento e maneiras de nos aprisionar dentro da ansiedade. Quanto mais descobrirmos nossa paz inata e trouxermos à tona o viés que nos impede de nos conectar abertamente com os outros, melhor. Dessa forma, podemos levar nossa prática de meditação para além da almofada, trazendo-a para o restante da nossa vida e nos conectando com as pessoas a partir da perspectiva de que estamos todos juntos nessa, em vez de uma mentalidade de "eu contra você".

O Dalai Lama sintetizou isso perfeitamente quando disse: "Primeiro, a própria pessoa tem que mudar. Eu me observo, me investigo e em seguida espero que os outros mudem". A boa notícia sobre como transformar nossa sociedade tão agressiva e caótica é simples: tudo começa com cada um de nós conhecendo melhor a si.

Até agora, nós vimos nossos pensamentos ansiosos, como eles se manifestam nos campos pessoal, interpessoal e social e como eles podem se cristalizar em um enorme casulo, nos isolando do mundo ao redor. Falamos sobre como nosso casulo gera a identidade sólida, substancial e pouco divertida à qual nos agarramos desesperadamente. No entanto, por meio das técnicas de meditação – como shamatha e outras que ensinarei ao longo deste livro –, nós podemos desfazer esse novelo caótico que chamamos de ego. Na verdade, agora eu gostaria

de apresentar uma série de ensinamentos que podem nos ajudar a abrir mão das maneiras pelas quais perpetuamos nosso sofrimento e a caminhar para um estado de maior conexão.

6. REDES SOCIAIS E OS PERIGOS DA MENTE COMPARATIVA

A comparação é o que rouba a alegria.
- ATRIBUÍDA A THEODORE ROOSEVELT

Existe uma analogia tradicional no budismo: um homem está andando pela floresta quando, do nada, é atingido por uma flecha. Em seguida, em vez de arrancar o objeto e cuidar de seu próprio processo de cura, ele começa a pirar, pensando: "Quem atirou em mim? Por que é sempre em mim que atiram? Todo mundo anda por aí feliz da vida, mas quando eu venho dar uma simples caminhada na floresta acabo me dando mal, como sempre. Quem merecia essa flechada era o Sidney lá do escritório, não eu!", e por aí vai. Essa piração mental é conhecida como a segunda flecha.

Flecha 1: O sofrimento causado em nós pela própria vida.

Flecha 2: O sofrimento que causamos a nós mesmos em resposta a isso.

Uma das formas de nos aprisionarmos dentro do estresse e da ansiedade é nos agarrando à ideia de que as outras pessoas não têm problemas – isso nos leva a perpetuar várias narrativas sobre a vida delas. Nos dias de hoje, não existe lugar melhor do que as redes sociais para se deixar levar por essa ideia. Se você abrir o Instagram, depois de trinta segundos descendo pela tela, verá pessoas apresentando a ideia de que têm tudo resolvido na vida – o que, obviamente, só serve para perpetuar a noção de que você é a única pessoa que não tem. No seu âmago, você sabe que todo mundo está sofrendo. Todos nós levamos flechadas ao longo da vida. A maioria de nós também acaba perpetuando a segunda flecha. No entanto, as redes sociais mostram o oposto, o que nos leva a um sentimento de isolamento e solidão.

Eu não estou dizendo que a única forma de se libertar do estresse e da ansiedade é deletando a sua conta do Facebook (se bem que mal não deve fazer). Eu estou dizendo que precisamos reavaliar o que significa interagir com essas plataformas a partir de um lugar de autocuidado e responsabilidade.

O principal caminho para um uso responsável das redes sociais é o mesmo que para muitas outras atividades com as quais nos envolvemos: olhar para os motivos pelos quais estamos fazendo essa coisa, para começo de conversa. Antes de abrirmos o Facebook, podemos contemplar a nossa intenção: "Por que eu estou abrindo essa aba no navegador? Será que é porque eu estou sentindo tédio aqui no trabalho e quero escapar desse sentimento? Ou será que é para saber como vai aquele meu amigo que está meio sumido, vendo se ele postou alguma coisa?" A primeira opção talvez nos leve a ficar descendo o *feed* infinitamente – e a tomar um susto quando percebermos que passou meia hora. Já a segunda opção demoraria apenas dois minutos e levaria a uma ação mais hábil.

Depois que nos conectamos com a nossa intenção, podemos agir de forma precisa e eficaz. O Buda delineou uma série de diretrizes sobre como podemos nos comunicar. No ensinamento conhecido como Vaca Sutta, ele disse que qualquer afirmação gera uma comunicação positiva se estiver de acordo com estes critérios: "É falado no momento apropriado. Contém a verdade. Falado com afeição. Falado para trazer benefício. Falado com a mente plena de amor-bondade".

Vamos analisar essa série de ensinamentos e usá-los para mapear algo que o Buda provavelmente não teria conseguido prever: a enorme influência das redes sociais.

Em termos de amor-bondade, podemos observar nossa intenção por trás do ato de postar nas redes sociais. Se tiver algo legal acontecendo conosco, será que a nossa motivação para compartilhar essa boa notícia é consequência de um anseio por se conectar genuinamente e permitir que as pessoas façam parte da nossa vida? Ou será que é para todo mundo pensar que nós também temos tudo resolvido e estamos tão bem quanto todos eles (ou até melhor)? Se estivermos postando com boa vontade na mente – ou seja, se nossa intenção é gerar conexão e beneficiar todos os envolvidos –, isso é um bom sinal para seguirmos em frente e postarmos. Mas se for apenas para perpetuar o velho truque da pessoa-que-tem-tudo-resolvido, talvez seja melhor refletir se é algo que vale a pena ser compartilhado.

O próximo fator que podemos levar em consideração na hora de postar é se aquilo que vamos compartilhar é algo afetuoso e benéfico para os outros. "Benéfico" é um termo subjetivo, mas a ideia é se aquilo que estamos postando tem o intuito de empolgar ou educar os outros, em vez de arruinar o ânimo deles. Particularmente nos dias de hoje, uma plataforma como o Facebook parece ser um espaço para as pessoas postarem muitas coisas ligadas a ideologias políticas – não tanto com a intenção de suscitar um diálogo genuíno, mas sim para provar que suas próprias opiniões rígidas estão certas e desafiar quem pensa diferente para uma discussão.

Quando nos depararmos com esse tipo de retórica, talvez seja uma boa ideia não morder a isca. Um velho provérbio diz que é melhor ser gentil do que ter razão. Quando estivermos interagindo com a nossa comunidade pelas redes sociais, essa simples ideia pode direcionar nossa mão de forma a construir pontes com as pessoas das quais talvez discordemos, em vez de destruir essas pontes e gerar ainda mais estresse e angústia.

Agora podemos passar para a indagação sobre se o que estamos compartilhando é verdadeiro. Nos dias de hoje, as pessoas parecem postar vários dos momentos gloriosos da própria carreira ou vida amorosa, sem reconhecer a dor que existe dentro de cada um de nós. Quem só compartilha as aparentemente infinitas boas notícias da própria vida, sem qualquer momento de reflexão, contribui para o que vem sendo chamado de "teatro do sucesso".

Quando nós exibimos a noção de que a vida é feita apenas de momentos alegres e belos, um após o outro, em que cada novo ápice é o prenúncio de mais um objetivo alcançado, dos melhores amigos possíveis e de uma vida de conforto infinito, sem qualquer frustração – isso é o teatro do sucesso. Alguns de nós podemos ver essas postagens e reagir cultivando o que nós budistas chamamos de "alegria empática", um tipo de alegria que se sente ao testemunhar a alegria dos outros. Mas, normalmente, quando vemos alguém exibindo o teatro do sucesso, isso leva a sentimentos de inveja e insuficiência.

Ao postar, talvez valha a pena pensar se estamos compartilhando só as coisas boas e ignorando as ruins. Uma pessoa que compartilha uma foto dela com o marido e coloca a legenda "Sem tempo ruim", ou "Sempre felizes e apaixonados", claramente não está sendo sincera. Mesmo os casais mais "feitos um para o outro" têm seus dias ruins. Nesses dias, embora o amor talvez ainda faça parte da paisagem emocional, ele fica relativamente obscurecido por diversas outras emoções muito mais difíceis. Talvez uma legenda mais honesta seria: "Apesar das dificuldades e de um irritar o outro, nosso amor continua a crescer". Eu tenho uma teoria: se as pessoas fizessem postagens honestas sobre sua própria vida, elas iriam não apenas receber o famigerado grande número de "curtidas", mas também contribuir para aprofundar essas conexões, inclusive fora das telas.

O último aspecto do Vaca Sutta que eu gostaria de examinar é a ideia de postar na hora certa. Se estivermos angustiados e quisermos buscar o apoio das outras pessoas, rapidamente vamos aprender que as redes sociais não são a melhor forma de construir uma conexão íntima. Na verdade, postar "Hoje

foi o pior dia da minha vida. Não posso acreditar!" pode gerar pouca ou nenhuma resposta, o que só vai servir para nos sentirmos ainda mais isolados e ansiosos. A "hora certa" para as redes sociais talvez seja quando quisermos compartilhar alguma notícia com várias pessoas, mas não estivermos particularmente apegados à ideia de que isso vai gerar algum contato mais significativo com elas.

Tudo isso nos traz à noção de que as redes sociais não são um substituto para a conexão humana. O atual líder da linhagem Kagyu do budismo tibetano, Sua Santidade o Karmapa, uma vez disse: "Quando você estiver sofrendo, às vezes simplesmente vai querer que alguém te dê um abraço. Uma tela plana não pode segurar sua mão e dividir a sua dor". Eu estou escrevendo este livro em 2020, o ano que sem dúvida vai ficar conhecido como aquele em que a pandemia do coronavírus modificou nosso panorama global. Assim como milhões de pessoas ao redor do mundo, eu estou trabalhando de casa e minha conexão com amigos e família se limita a chamadas no Zoom e jogos semanais de pôquer usando o Google Meet e um aplicativo. Embora eu aprecie profundamente minha comunidade, essas interações não compensam o fato de eu estar há meses sem poder abraçar alguma pessoa querida que estivesse sofrendo. Da mesma forma, não importa quantos comentários sejam feitos em algo que você poste online, isso nunca vai ser igual a alguém olhando nos seus olhos e te dizendo: "Eu te amo".

As redes sociais podem nos conectar a muitas pessoas e, por isso, nós temos a responsabilidade de postar coisas que sejam verdadeiras, gentis, benéficas, bem-intencionadas e compartilhadas na hora certa. Mas se nós não conseguirmos nos lembrar desses ensinamentos básicos do Buda, ou se quisermos nos conectar com os outros de forma mais profunda, talvez seja necessário fechar o computador e procurar algum amigo ou amiga que consiga estar presente para nós e nos apoiar enquanto passamos por situações estressantes. É como disse o Karmapa: "A internet coloca nossos relacionamentos na nuvem, mas nós precisamos vivê-los aqui no chão". Quanto mais conectados estivermos com o chão da nossa existência, como a respiração e o corpo, mais seremos capazes de lidar com as flechas que surgirem no nosso caminho e de não acrescentar ainda mais estresse e ansiedade – ou seja, deixar a segunda flecha para lá.

7. A ARTE DE DEIXAR IR

Eu sugiro que você siga esse conselho, que vem da tradição do budismo tibetano: 'períodos curtos, muitas vezes'.

- Dza Kilung Rinpoche (The relaxed mind)

qui vai uma lista de coisas não-tão-úteis que talvez você esteja fazendo em relação à sua ansiedade:

- Se criticar por sentir isso.
- Lutar contra ela.
- Beber até não sentir mais nada.
- Esperar que ela desapareça num passe de mágica.
- Responder ao maior número possível de e-mails, diante da remota possibilidade de receber menos e-mails amanhã.

E o que você pode fazer em relação à ansiedade:

- Meditar.
- Dormir mais do que você acha que precisa.
- Comer alimentos saudáveis e nutritivos.
- Beber muita água. (Inclusive, pode tomar um copo agora mesmo. Eu espero.)
- Perceber as histórias que você repete internamente o tempo todo. Deixa. Essa. Merda. Ir. Embora.

Eu espero, de coração, que você já esteja lendo este livro há algumas horas, dias ou semanas – e tenha começado a experimentar a meditação shamatha. Sem sombra de dúvida, essa é a forma mais eficaz que eu encontrei de treinar a mente para perceber as histórias que ela repete internamente – e deixá-las irem embora. Mas, obviamente, eu não sou ingênuo. Sei que talvez você ainda não tenha sentado para meditar. Se eu estiver enganado, maravilha! Se não, que tal tentar ainda hoje?

Aqui vão outras três práticas eficazes para te ajudar a notar suas narrativas que geram ansiedade e voltar ao momento presente através do relaxamento.

A MEDITAÇÃO DO SOLUÇO

Eu chamo esta prática de "meditação do soluço", porque ela é uma breve interrupção do que quer que esteja acontecendo com você. Esta técnica não vai trazer à tona ou transformar as causas fundamentais da sua ansiedade, mas vai te ajudar a soltar a narrativa que está te perseguindo atualmente – e a re-

tornar para o momento presente, com uma certa mentalidade de "um novo começo".

Preparar, apontar...

Faça três respirações profundas pelo nariz e expire pela boca.

Pronto.

Simples, né? Eu descobri que, quando me deparo com algum gatilho de ansiedade, esse pequeno espaço de respirar fundo três vezes é suficiente para eu conseguir focar, sem distração, em outra coisa que não seja a história que eu estou repetindo internamente.

Muitos anos atrás, quando eu e minha namorada (hoje, minha esposa) fomos morar juntos, eu precisei ir até o meu antigo apartamento dirigindo um caminhão de mudança, empacotar tudo sozinho, me desfazer de um bando de mobília (sim, ela tem mais bom gosto do que eu), limpar o imóvel e dirigir de volta até o outro lado da cidade. Só que eu tinha separado umas poucas horas para fazer tudo isso – e logo antes de uma reunião de negócios muito importante e de última hora!

Como era de se esperar, quando eu sentei no banco do motorista do caminhão, eu já estava atrasado. Comecei a dirigir o veículo e pude perceber o meu corpo retorcido de tensão, enquanto eu passava pelas ruas estreitas do meu antigo bairro naquele automóvel imenso – até que cheguei à ponte que liga os dois barros e dei de cara com o trânsito completamente parado. Vinte minutos depois, eu quase não tinha saído do lugar. Todos os meus anos de treinamento de meditação pareciam ter sido um sonho distante. A ansiedade tinha tomado conta. As narrativas que diziam "Eu vou chegar atrasado", "Essas pessoas nunca vão querer trabalhar comigo quando perceberem como eu sou antiprofissional" e "Você sempre faz isso, cara! Você sempre agenda compromissos demais!" estavam tocando repetidamente, e eventualmente eu tinha me enrolado em um casulo apertado pra caramba.

Então eu me lembrei de praticar. Tentei fazer shamatha, mas não conseguia focar por muito tempo, porque o trânsito andava um pouco e em seguida parava. Então eu fiz essas três respirações profundas, inspirando pelo nariz e expirando pela boca. Depois de novo. E mais uma última vez.

Depois de dar essa pausa momentânea, eu senti que os meus ombros tinham voltado para sua posição normal de repouso. O nó no meu estômago havia se desfeito. Eu consegui voltar a me sintonizar com a realidade da situação e deixar irem embora as histórias obsessivas que tinham tomado conta da minha mente. Por um instante, eu consegui simplesmente relaxar no momento presente e encontrar uma forma mais hábil de agir. E adivinha? Lembra aquelas pessoas que eu estava indo encontrar? Dez minutos depois elas ligaram para remarcar a reunião! Como em muitas dessas situações em que o estresse começa a comandar a sua vida, a coisa com a qual eu estava me preocupando não era nem mesmo baseada na realidade.

A FESTA DOS PENSAMENTOS

Às vezes as pessoas começam a acreditar que não conseguem meditar porque têm muitos pensamentos. Quando eu ouço esse tipo de coisa, gosto de apresentar a elas a festa dos pensamentos.

A primeira vez que eu experimentei isso foi durante a faculdade. Eu estava recebendo um professor budista que eu tinha convidado para nos visitar e oferecer um programa de meditação ao longo do fim de semana. Ele se sentou com o grupo iniciante de meditação que eu tinha criado (basicamente um cômodo cheio de estudantes estressados e focados em tirar as melhores notas possíveis) e franziu as sobrancelhas. Eu, que admirava muito esse professor, comecei a ficar preocupado: Será que nós não tínhamos um nível adequado? Será que ele conseguia perceber o quão inexperientes nós éramos? Talvez. Ele deu uma olhada em nós e disse: "Em vez de começar com shamatha, vamos fazer um experimento".

Em seguida ele nos instruiu a não resistir aos nossos pensamentos nem lutar contra eles. Em vez disso, a instrução que ele deu foi a seguinte: "Deixe eles fluírem". A gente ficou sentado por uns trinta segundos e depois ele disse: "Mais". Outro minuto se passou. "Mais." Por fim, ele nos convidou a pensar todos os nossos pensamentos – a orientação era reunir quaisquer pensamentos que conseguíssemos trazer à mente.

Da mesma forma, eu quero te convidar a fazer esse experimento agora mesmo: pense todos os seus pensamentos. Coloque eles todos para fora.

Talvez, inicialmente, você tenha algo para pensar: seus filhos, seu relacionamento amoroso, aquela série de TV que você está maratonando... Mas a uma certa altura seu tanque fica vazio e você não tem mais combustível. Sem pensamentos. Talvez você reconheça, por um breve instante, que não há nada mais para pensar. Que alívio! Que relaxante! E talvez em seguida sua mente surja com algum novo pensamento.

Esta técnica, assim como a meditação do soluço, não vai te ajudar a transformar sua relação com a ansiedade no longo prazo, mas é algo legal de tentar fazer de vez em quando para se lembrar da boa notícia: você pode sim repousar a sua mente, ainda que seja por um breve instante.

ATENÇÃO PLENA ÀS EMOÇÕES

Até aqui, eu enfatizei práticas e filosofias para te ajudar a se relacionar com o estresse e com o sofrimento. Mas, se você comprou este livro, provavelmente é porque você está tendo de lidar com algumas emoções bem fortes causadas pela suspeita muito real de que algo está terrivelmente errado – seja com você, com suas relações ou com o mundo atual. E você quer alguma ajuda para transitar por esse território.

Quando estamos diante de emoções fortes, às vezes nós temos a tendência de:

- Fugir delas e procurar alguma distração.
- Reprimir e ignorar essas emoções.
- Extravasar, na esperança de nos livrarmos delas.

Digamos que você seja como todos os outros seres humanos que existem por aí e, ocasionalmente, sinta uma certa solidão. Em vez de tentar investigar esse sentimento, seu mecanismo automático de defesa consiste em decidir que ele é desconfortável demais para ser examinado e, portanto, você precisa fugir dele. Em vez de permitir que a própria emoção se revele, você rapidamente abre o Tinder ou algum outro app de encontro, vai descendo pelo *feed* do Facebook ou do Instagram, começa a comprar coisas pela internet ou decide maratonar algo na Netflix – enfim, procura alguma forma (qualquer forma!) de se distrair do sentimento em si. No entanto, se você já tiver feito isso alguma vez, sabe que, depois do próximo *match* no app, daquela meia hora nas redes sociais, de ter comprado sapatos novos ou do fim da temporada, a emoção ainda vai estar lá, esperando uma oportunidade para se manifestar.

Talvez outra forma comum de se relacionar com suas emoções seja reprimindo e esperando que elas simplesmente desapareçam. Como você não quer sentir o que está sentindo, você tenta se anestesiar. Talvez você prepare um drinque ou fume algo. Talvez você simplesmente fique repetindo internamente: "Não vou olhar para você, emoção forte". No entanto, quando você faz isso, na verdade o que está acontecendo é parecido com aquela sequência de treinamento do filme *Rocky*. Talvez eu esteja entregando a minha idade ao falar isso, mas durante sua preparação para a grande luta, tem uma montagem clássica dos anos oitenta em que o Rocky sobe e desce correndo pelas escadas, pula corda e faz vários outros tipos de exercício físico para conseguir ficar mais forte e mais preparado para a luta final. Quando você ignora seu estado emocional, acontece a mesma coisa: ele passa pelo próprio momento *Rocky*, porque fica maior e mais forte do que nunca – e, no fim das contas, te dá um nocaute daqueles.

Uma terceira maneira comum de se afastar das suas emoções é sendo uma pessoa super-reativa. Talvez, às vezes, você se sinta tão desconfortável com um certo sentimento que, em vez de manter a emoção dentro de si, você escolhe extravasar na esperança de que isso faça com que ela desapareça milagrosamente. Vamos usar como exemplo esta situação: você e seu companheiro ou companheira começaram a discutir pela manhã, antes de você sair para o trabalho. Neste exato momento, talvez você esteja fisicamente em uma reunião, mas mentalmente você ainda está em casa batendo boca.

A emoção te fisgou – você mal está presente com o que está acontecendo. No entanto, você percebe que a pessoa que está conduzindo a reunião está se alongando muito. Então, ainda que você esteja com raiva do seu companheiro ou companheira (e não dessa pessoa que trabalha com você), você acaba gritando com ela na frente de todo mundo, dizendo para ser mais ágil porque você precisa ir cuidar de outras demandas. Todo o resto da equipe fica em silêncio. Claramente isso não foi uma forma hábil de se relacionar com a sua emoção. Agora, além de sua raiva, talvez você sinta alguma vergonha e constrangimento e precise lidar com as consequências de ter extravasado de forma tão boba.

Nós precisamos aprender a nos relacionar melhor com as nossas emoções. O mestre zen Thich Nhat Hanh uma vez deu um exemplo perfeito sobre a raiva. Imagine alguém cuja casa esteja pegando fogo. Em vez de tentar apagar as chamas, a pessoa sai correndo atrás de quem começou o incêndio para dar uma lição de moral nela. Ele disse o seguinte: "Se nós conseguirmos lidar com a nossa própria raiva, em vez de focar na outra pessoa, vamos obter um alívio imediato". O que nos leva ao caminho do meio entre fugir, reprimir ou desastradamente extravasar nossas emoções: sentir o que nós estivermos sentindo – sem julgamentos.

Ao aprender a permanecer com os nossos sentimentos, sem julgar, nós estamos colocando a atenção plena no nosso estado emocional – de forma similar ao que fazemos quando trazemos a atenção plena à nossa respiração, durante a prática de shamatha.

Muitas vezes, quando sentimos emoções fortes como medo, ansiedade e raiva, o que nós mais queremos é que elas desapareçam. É como se houvesse uma criancinha irritante te perseguindo e te perguntando: "Por quê?"

"Por que você acha que dá para relaxar? Você precisa entregar aquele relatório amanhã." "Por que você acha que vai encontrar alguém? Todos os seus outros relacionamentos terminaram." "Por que você acha que não tem problema se preocupar com a sua vida financeira? Existem milhares de refugiados na fronteira do seu país que não têm nada." Ainda assim, nós sempre tentamos acelerar o passo para escapar dessa criancinha.

No Satipatthana Sutta, um de seus primeiros ensinamentos, o Buda falou sobre como tomar consciência do tom do sentimento por trás dos nossos estados emocionais. Minha sugestão, baseada no que o Buda ensinou, é dar meia-volta e encarar a criancinha diretamente. Ouça o que ela está falando. Veja se algo é verdade. Simplesmente fique com a criança por um instante, sem julgamentos, e ela provavelmente vai se acalmar – como uma criança de verdade.

Joseph Goldstein (cofundador da organização budista Insight Meditation Society) uma vez deu uma palestra em que encorajou os alunos a notar quando as emoções surgissem e simplesmente dizer internamente: "Está tudo bem sentir isso".

Eu acho essa simples frase tão revolucionária. Não é "Chegou a hora de vocês irem embora, emoções" ou "Eu preciso consertar ou transformar vocês, emoções". Em vez disso, é apenas "Está tudo bem sentir isso".

Quando nos sentimos sobrecarregados com a vida ou com o estado atual do mundo, isso não significa que estamos errados. Tudo bem se sentir assim. Estamos descobrindo nestas práticas que não precisamos nos recriminar por ter emoções – elas são algo natural à existência humana. Quando sentimos atração por alguém, surge uma certa eletricidade e excitação. Quando temos medo de algo, vem aquela sensação de claustrofobia e nervosismo. Tudo bem sentir essas coisas. O truque é nos dar tempo e espaço para ficar com a emoção, sem sucumbir ao desejo de se afastar dela ou tentar resolvê-la. A prática a seguir é baseada no conselho do Joseph Goldstein e pode ser encontrada no site www.lucidaletra.com.br/pages/ansiedade.

- Coloque um alarme para daqui a dez ou quinze minutos. Sente-se na sua postura de meditação.

- Comece fazendo a prática da atenção plena à respiração; sinta seu corpo respirando e relaxe com o ciclo natural do ar entrando e saindo. Quando os muitos pensamentos surgirem, gentilmente reconheça a presença deles e retorne para a sensação física da inspiração e da expiração.

- Talvez em algum momento surja uma emoção forte. Isso é natural. Na prática normal de shamatha, o que você faria? Reconheceria a presença dela e voltaria para a respiração. Mas aqui nós vamos dar a ela espaço para se

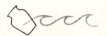

expressar um pouco.

- Ofereça a si espaço para sentir o que você estiver sentindo. Repita mentalmente: "Está tudo bem sentir isso". Perceba qualquer resistência interna ao exercício de ficar com a emoção. Veja se você consegue permanecer diretamente com ela. Quando surgirem histórias sobre essa emoção (formas de consertar a situação ou o que você diria para alguém a fim de defender esse sentimento), gentilmente reconheça a presença delas e deixe que vão embora, voltando sua atenção plena para a própria emoção.

- Nesta prática, nós não estamos tentando nos livrar do sentimento – e sim olhando diretamente para ele. Estamos vendo a emoção como o que ela é: um pensamento com bastante energia por trás. Mantendo o corpo como uma âncora e utilizando a influência estabilizadora da respiração, simplesmente permaneça no seu lugar e fique com a emoção tal qual ela é.

- Caso ela mude ou desapareça (o que acontece com frequência quando olhamos diretamente para ela), retorne para a respiração. Depois que o alarme soar, faça três respirações profundas – inspirando pelo nariz e expirando pela boca, para acalmar um pouco o seu sistema nervoso. Retome o seu dia.

Quanto mais diretamente olharmos para o nosso estresse e para a nossa ansiedade, mais rapidamente vamos encontrar um caminho através deles. No próximo capítulo, vamos aprender uma prática de meditação, em quatro etapas, que nos permite reconhecer o que estamos sentindo e oferece algum espaço para que as emoções existam, a fim de nos ajudar a ter mais curiosidade em relação a elas e, em última instância, atravessá-las de forma saudável.

8. UMA PRÁTICA PARA LIDAR COM EMOÇÕES FORTES

A cada momento, nós podemos escolher como nos relacionar com as nossas emoções. Esse poder de escolha nos dá liberdade e seria loucura não aproveitá-lo.

- PEMA CHÖDRON

Para lidar com a ansiedade, nós precisamos ter o maior número possível de ferramentas na nossa caixa de utensílios. Por isso, agora que já temos a base da atenção plena às emoções, eu vou te apresentar a uma prática chamada RAIN (que significa 'chuva', em inglês). Essa técnica, desenvolvida pela professora budista Michele McDonald, foi fundamental para me ajudar a lidar com as formas intensas das emoções ao longo dos anos. Embora às vezes os termos usados para cada letra possam variar, normalmente eles significam Reconheça, Aceite, Investigue e Não se identifique.

Vamos fazer juntos:[1]

Sente-se e comece com a prática de shamatha. Agora, leve sua atenção para alguma emoção mais intensa, algo que já esteja presente ou borbulhando sob a superfície.

Reconheça: se você quiser, pode nomear a emoção. "Frustração", "tristeza", "alegria" ou "empolgação". Caso não sinta que tem alguma emoção mais intensa neste momento, você pode até mesmo se perguntar "Como eu estou me sentindo agora?" e notar o que surge. Nesta prática, nós não estamos julgando tais emoções como boas ou ruins, mas apenas reconhecendo a paisagem emocional que está presente hoje. Depois de alguns minutos se familiarizando com essas emoções...

Aceite: simplesmente permita-se ter um espaço para sentir o que você estiver sentindo. Neste momento podem aparecer aquelas tendências de se distrair, reprimir as emoções ou extravasá-las. Mas nesta prática nós não estamos tentando corrigir nada. Aguente firme e ofereça algum espaço para que essas emoções existam sem que você precise fazer algo a respeito delas. Isso não é uma atitude intelectual profunda – é mais uma consciência intuitiva de confiar que você é capaz de estar presente com as suas emoções. Em algum momento talvez você consiga até mesmo perceber que está despertando para quem você realmente é e parando de tentar escapar da sua própria pessoa, o que pode levar a um relaxamento mais profundo.

Investigue: este passo, às vezes chamado de "Interesse", é um convite para nos interessarmos e gerarmos certa curiosi-

---

1 Você pode ouvir uma versão guiada dessa meditação em www.lucidaletra.com.br/pages/ansiedade.

dade sobre o nosso próprio estado emocional. Existem inúmeras formas de fazer isso, mas um método bem simples é se perguntar: "O que esta emoção está tentando me mostrar?" ou "Será que há alguma comunicação válida surgindo a partir desta emoção?". O que pode acabar sendo uma armadilha, a esta altura, é sentir a tentação de ativar sua mente pensante e começar a imaginar possíveis soluções para problemas e situações nos quais esta emoção te faz pensar. Mantenha sua curiosidade focada na própria emoção – e não nas histórias que vão pipocando a partir dela.

Eu nasci e fui criado em uma família praticante do budismo tibetano, uma tradição que coloca muita ênfase em observar nossas emoções através de um prisma analítico, examinando a natureza mais profunda do próprio sentimento. Nesse caso, você pode se perguntar coisas como:

De onde veio esta emoção?

Onde ela nasceu?

Ela tem cor? Forma? Tamanho? Textura? Temperatura?

Aonde ela vai quando não está presente na minha experiência?

Será que esta emoção sempre estará aqui?

Às vezes, através de uma investigação sobre a própria natureza da emoção, você pode chegar à conclusão de que ela não é tão sólida e permanente quanto talvez pareça. Na verdade, ela é um pensamento com muita energia por trás e (como todo pensamento) vai surgir e se dissolver – basta esperar um pouco.

Não se identifique: depois de ter reconhecido a emoção, dado um certo espaço para ela respirar e se expressar e, em seguida, ter investigado sua natureza, você pode gentilmente agradecer por ela ter te ensinado algo e não mais se identificar com ela. Neste passo, você está reconhecendo que você não é a sua emoção, o que, sem dúvida, é mais uma atitude do que uma ação.

Se o seu nome é Diana, por exemplo, você não vai começar a se chamar Diana Irritada. A irritação é parte de você, mas você já provou que pode ficar enraizada tempo o suficiente para abrangê-la sem ser tomada por ela. Você não precisa desenvolver nenhum apego ou identificação com essa ou aquela emoção. Esses estados emocionais são efêmeros e, com o tempo, vão mudar e desaparecer. É como o som de uma ambulância passando: a emoção pode te incomodar, mas ela não será parte da sua experiência presente para sempre. Uma forma de fazer essa transição é se conectar com as suas percepções sensoriais, expandindo sua consciência para incluir o ambiente ao redor. Outra opção é fazer três respirações profundas, inspirando pelo nariz e expirando pela boca, a fim de permitir que ocorra essa transição rumo ao fim da prática.

Alguns professores budistas preferem enfatizar uma palavra diferente para o N final: **N**utrir. Depois de ter passado todo esse tempo olhando diretamente para a sua emoção, talvez você ainda sinta uma certa vulnerabilidade ou tristeza. Neste caso, você pode encerrar a sua prática direcionando bondade amorosa para si (mais adiante no livro eu vou explicar como fazer isso). Outra opção é separar um tempinho para fazer algo que te nutra, depois de se levantar da almofada de meditação. Pode ser uma xícara de chá, um telefonema para alguma pessoa querida ou até mesmo um *milk-shake* (minha opção favorita). Após esta prática, qualquer pequeno gesto que você escolha dentro do campo do autocuidado será uma boa coisa a se fazer depois de passar por esse processo trabalhoso.

Após a meditação, pode ser que emoções fortes (inclusive estresse e ansiedade) continuem a surgir na sua experiência. Mas nós ainda temos outras ferramentas para acrescentar à nossa caixa de utensílios, a fim de nos ajudar a reconhecer as histórias ao redor dessas emoções e retornar para o momento presente.

9. PERCEBENDO E DISPENSANDO NARRATIVAS

Uma regra que eu estipulei para mim mesma é nunca dizer que eu tenho ansiedade. Eu sempre digo que estou passando pela ansiedade... Você é mais do que qualquer coisa pela qual você esteja passando.

- CLEO WADE (*WHERE TO BEGIN*)

Um tipo de meditação do qual você talvez goste é a prática de contemplação. Normalmente ela começa com alguns minutos de shamatha, para nos ajudar a acalmar um pouco a mente. Depois que estivermos mais relaxados e presentes, podemos refletir sobre uma pergunta ou frase e ver o que surge do nosso âmago, da nossa intuição ou da nossa mente de sabedoria (como você preferir chamar

aquela vozinha dentro de você). Eu quero te apresentar três perguntas que podem te colocar em contato com essa voz mais intuitiva e menos intelectual em tempo real, te ajudando a se redirecionar para longe da ansiedade do momento. Elas não são técnicas formais de contemplação, mas sim formas de adentrar uma mentalidade contemplativa.

ISSO VAI AJUDAR EM ALGO?

Uma das formas pelas quais a ansiedade nos mantém presos é repetindo as mesmas histórias de forma cíclica. Tem um capítulo excelente no livro *10% mais feliz*, escrito pelo jornalista Dan Harris, no qual ele compartilha sua experiência de participar de um longo retiro de meditação e conta como, no último dia, o instrutor-chefe encorajou os participantes a se manterem tão presentes quanto fosse possível durante o restante de sua permanência no retiro. O Dan levantou a mão e fez a seguinte pergunta: "Como você pode nos aconselhar a não nos preocuparmos com as coisas que vamos ter que fazer quando voltarmos para o mundo? Se eu perder o meu voo, isso é um problema de verdade". Ele tinha muitos pensamentos, flutuando em sua mente, sobre agendar um carro para buscá-lo, arrumar suas coisas e organizar outros detalhes. "Muito bem", respondeu o professor, "mas quando você estiver pela vigésima vez repetindo mentalmente seu caminho até o aeroporto, talvez seja interessante fazer a si mesmo a seguinte pergunta: 'Isso é útil?'"

Essa pergunta teve um efeito profundo na minha vida – assim como minha versão pessoal: "Isso vai ajudar em algo?" Às vezes eu estava no chuveiro, passando condicionador no meu cabelo, mas internamente eu me via em meio a uma discussão ferrenha com alguém que (obviamente) não se encontrava presente! E o que é pior ainda: essa não era a primeira vez que eu imaginava essa conversa com aquela pessoa – e sim a vigésima quinta. Esse momento era uma ótima oportunidade para simplesmente perguntar: "Isso vai ajudar em algo?" Não é nenhuma surpresa que a resposta seja sempre a mesma: "Não". Ficar me preparando para uma conversa que provavelmente nunca vou ter (com uma pessoa que eu raramente vejo) não vai ajudar em nada, né? Quando nós reconhecemos que a história que estamos contando a nós mesmos não é útil nem nos ajuda em nada, fica muito mais fácil deixar que ela vá embora.

O QUE EU POSSO DESFRUTAR NESTE EXATO MOMENTO?

Quando nós conseguimos sair dessa prisão mental e relaxar no momento presente, pode ser que tenhamos um vislumbre de uma forma simples de contentamento. Quando você está fazendo sua prática de shamatha (Viu que legal, eu já presumo que você está praticando, em vez de ficar perguntando se isso é verdade?) e consegue permanecer com a respiração, ainda que por alguns poucos ciclos de inspiração e expiração, talvez você descubra que se sente razoavelmente bem. Nesse instante de simples permanência com a respiração, antes que os próximos pensamentos estressantes surjam, talvez você se sinta mais do que normal – você se sente bem em relação a essa experiência. Você está presente com o mundo ao redor e isso é uma delícia. Quando eu falo de "contentamento", é a isso que estou me referindo.

Quando nós mantemos uma prática constante de meditação, temos a oportunidade de pegar coisas muito comuns – como, por exemplo, beber um copo d'água – e torná-las extraordinárias, porque estamos preenchendo a experiência básica com a nossa presença. Nós estamos presentes com o gosto da água, com sua temperatura e seu frescor. Agora essa coisa que fazemos todo santo dia começa a ter algo de mágico. Quanto mais regularmente você meditar, mais você será capaz de se lembrar dessa pergunta quando começar a se perder em meio à ansiedade: "O que eu posso desfrutar neste exato momento?"

Imagine que você está na sala de espera de um hospital, aguardando o resultado de alguns exames graves. Mesmo que você esteja sem ir ao médico há anos, essa simples ideia pode ativar certa tensão no seu corpo. Agora pense o que aconteceria se, em meio a essas circunstâncias, você conseguisse se fazer a seguinte pergunta: "O que eu posso desfrutar neste exato momento?"

Essa pergunta nos traz ao momento presente por tempo suficiente para reconhecer o que está ao nosso redor. Talvez você veja duas crianças brincando animadamente do outro lado da sala e isso aqueça o seu coração. Talvez esteja tocando uma música que você não ouvia há anos e isso traga certa nostalgia agradável. Talvez você perceba que é capaz de mover seu corpo, enxergar e escutar – e que isso é algo meio milagroso. Você pode apreciar qualquer uma dessas coisas. Basta se convidar gentilmente para estar neste exato momento.

O QUE ME FAZ SENTIR GRATIDÃO HOJE?

Eu sou muito fã das práticas de gratidão. Para falar a verdade, todo dia de manhã, antes de pegar o celular ou botar os pés para fora da cama, eu reflito sobre a seguinte pergunta: "O que me faz sentir gratidão hoje?" Talvez a minha esposa ainda esteja na cama ao meu lado – e o meu coração transborde de gratidão por ela. Ou um gato comece a escalar o meu corpo – e minha pequena tribo de animais passe pela minha mente, o que talvez me leve a apreciar a gentileza deles e o simples fato de eles estarem todos saudáveis. Talvez eu olhe para o teto e aprecie o fato de ter um teto sob a minha cabeça e a relativa tranquilidade do meu apartamento. Ou eu me lembre de que estou sem óculos e sinta gratidão por ainda ter a capacidade de enxergar. Todas essas coisas são bem básicas, e esse processo talvez dure apenas um ou dois minutos, mas ele transforma radicalmente minha forma de começar o dia.

Se você quiser, pode fazer uma reflexão parecida quando acordar. Eu não recomendo tentar listar um número específico de coisas ou tentar se forçar a sentir gratidão por coisas que você "acha" que deveria. Apenas deixe algum espaço ao redor dessa pergunta e veja o que surge dentro de você. Esta prática não é sobre analisar a sua situação, mas sim sobre escutar aquela voz interna que aparece quando há tempo para ela ser ouvida.

Conforme você segue com o seu dia, refletir um pouco sobre essa questão também pode ajudar. Talvez você esteja no meio de uma reunião que parece que não vai acabar nunca.

Nesse momento, perguntar "O que me faz sentir gratidão?" pode transformar a frustração em certa abertura. Talvez você olhe para a pessoa sentada do outro lado da mesa e sinta alguma ternura ao se lembrar de algo gentil que ela fez por você no passado. Ou talvez você note alguém que está passando pelo luto de ter perdido uma pessoa próxima e sinta gratidão pelo fato de sua própria mãe ainda estar viva. Se formos capazes de retornar para o momento presente, existem inúmeras coisas em relação às quais podemos cultivar alguma apreciação.

Em cada uma dessas perguntas há uma escolha: nós podemos ficar fritando dentro da nossa própria ansiedade ou tentar notar quando estivermos presos em uma história, perfurar essa bolha e chegar ao que está acontecendo aqui e agora. Dentro de cada momento existem muitas coisas para serem aproveitadas e apreciadas. Essas frases nos ajudam a chegar lá.

10. O PODER DA SIMPLICIDADE

Uma vida simples torna o amor simples. A escolha de viver de forma simples necessariamente aumenta nossa capacidade de amar.

- BELL HOOKS (*ALL ABOUT LOVE*)

Nós vivemos em uma sociedade na qual recebemos continuamente a instrução de querer e fazer "mais". Se você está em um bom relacionamento, você deveria se casar. Casamento? E que tal filhos? Filhos? Você deveria comprar uma casa com um quintal para eles! Esse anseio por "mais" pode ser aplicado a tudo: tecnologia, roupas, os carros que compramos, os empregos que buscamos e por aí vai. No entanto, a uma certa altura, podemos perceber que talvez seja uma boa ideia simplificar a nossa vida – e isso começa

quando simplificamos nossa mente e nossas atividades diárias.

Conforme seguimos aprofundando nossa prática de meditação e utilizando técnicas para lidar com a nossa ansiedade em tempo real, podemos começar a descobrir que esse discernimento surge naturalmente. Talvez você esteja prestando atenção na sua respiração e apareça o seguinte pensamento: "Eu realmente deveria ligar para a minha mãe".

Você repete internamente "Pensamento", antes de retornar para a respiração.

Sua mente responde: "Você ainda não ligou para ela esta semana".

"Pensamento." Algumas respirações entram e saem do seu corpo.

"Que pessoa desnaturada você é, hein? A maioria das pessoas liga para a mãe muito mais vezes do que você."

"Pensamento."

A má notícia é que a sua mente se distrai várias vezes e você continua voltando para a sua respiração, até que a sua mente siga em outra direção. A boa notícia é que, depois de ter reconhecido esse pensamento pela centésima vez, você provavelmente vai levantar da sua almofada de meditação tendo bastante confiança no fato de que ligar para a sua mãe é algo que vale a pena. Isso é um exemplo do discernimento em ação: você pôde observar a sua mente como um todo e está aprendendo quais aspectos da sua vida você quer cultivar e quais aspectos quer eliminar. Esses aprendizados podem ser aplicados a todas as outras áreas da nossa vida.

Um aprendizado que surgiu a partir da minha meditação foi o responsável por uma mudança enorme na minha vida. Depois de mais de dez anos morando na cidade de Nova York, eu já tinha meio que deixado minha marca, sabe? Eu tinha começado um empreendimento de sucesso, aparecido diversas vezes no *The New York Times* por conta do meu trabalho, casado com a mulher dos meus sonhos, tido vários amigos e ido a muitos eventos sociais divertidos – e, ainda assim, às vezes eu me sentia uma bola de estresse ambulante. Vale lembrar que, durante toda essa época, eu trabalhava em período integral como professor de meditação. Todo dia eu me sentava para meditar e frequentemente ia a retiros para aprofundar minha prática e meus estudos. Eu estava realmente fazendo o que eu falava, em termos de meditação – mas mesmo assim eu sentia que as situações de estresse ainda eram um grande gatilho emocional para mim. Foi quando eu percebi que precisava ter um pouco de discernimento em relação ao meu ambiente.

Ao meditar, por causa das paredes finas, eu costumava ouvir nossos vizinhos idosos discutindo. Depois de anos com essa distração (além do som de obras martelando meus ouvidos, das estridentes sirenes de ambulâncias passando por perto e muitas outras coisas), eu comecei a admitir que talvez a minha mente ficasse menos agitada se eu não morasse em um ambiente tão estressante. Minha esposa e eu tínhamos recentemente passado algumas semanas em uma pequena casa de hóspedes situada no terreno da minha mãe, na região norte do estado. Refletindo sobre esse período, eu vi o quanto tinha gostado dessa simplicidade. Então nós começamos a conversar sobre a ideia de viver uma vida mais simples. Quanto mais eu escutava meu coração e meu corpo, mais eu percebia o quão esgotado eu estava, pelo fato de morar na cidade de Nova York. O fluxo constante de ruídos, cheiros e o ritmo acelerado – que antes me energizavam – agora estavam me desgastando. Eu precisava de uma mudança.

Seis meses depois disso, eu tinha feito uma série de sacrifícios, mas estava morando na região norte do estado. Minha esposa ainda podia ir até a cidade dar aulas de meditação, e eu trouxe a maior parte do meu trabalho para o ambiente virtual. Agora, enquanto escrevo estas palavras, eu estou sentado em um quarto silencioso e aconchegante na cidade de Hudson, com o som agradável de um trem apitando ao fundo e um cãozinho roncando aos meus pés. Apesar de ter sido uma mudança dolorosa, eu me mudei – depois de ter discernido que a cidade de Nova York era coisa demais para o meu sistema – e hoje eu me sinto tranquilo como nunca antes na minha vida.

Eu quis compartilhar essa história não como uma forma de inspirar alguém a sair da cidade grande (eu ainda acho que Nova York é a melhor cidade do mundo – e a mais sofisticada), mas para mostrar como às vezes talvez seja preciso eliminar certas coisas que já não são boas para nós. Talvez nós tenhamos que sacrificar algumas das coisas que nos disseram que deveríamos buscar (como fama e fortuna), em prol de coisas que sejam pessoalmente significativas para nós (como espaço e autocuidado). O discernimento que surge a partir da meditação talvez não vá necessariamente orientar a maioria das pessoas a mudar tão radicalmente a própria situação de vida, mas de repente ele pode lhes dizer para se distanciar de certos hábitos e comportamentos. Você pode acabar percebendo que:

- Você passa tempo demais vendo o noticiário.
- Certas pessoas que fazem parte da sua vida não são muito legais com você.
- Você precisa estabelecer limites entre o seu trabalho e a sua vida doméstica.
- Você compra mais roupas do que seria humanamente possível usar.
- Você sente um cansaço imenso depois de ficar o dia todo olhando para telas.

Quando nós dedicamos algum tempo a aquietar nossa mente, há mil coisas que podemos aprender acerca da simplicidade e de como talvez queiramos mudar a nossa vida. Embora eu não seja um grande fã da forma como a indústria do bem-estar se comporta às vezes, eu reconheço a necessidade do autocuidado. E isso significa algo diferente para cada pessoa – para mim, significa comer alimentos nutritivos, ter como prioridade dormir o suficiente, fazer exercícios físicos e (sim, você acertou) meditar. Todas essas coisas parecem obviamente benéficas, né? Então deixa eu te perguntar: quando foi a última vez em que você fez todas elas no mesmo dia?

Um dia a gente pode dormir um pouco mais e ficar feliz em não ter olheiras debaixo dos olhos, mas em seguida perceber que não vai dar tempo de ir à academia. Ou então a gente consegue ir malhar e depois se sente muito bem, mas acaba se entupindo de hambúrguer ou pizza – afinal de contas, a gente já queimou um monte de calorias, né? Eu tenho certeza quase absoluta de que, se você fizesse todas essas quatro coisas em

um mesmo dia (se alimentar bem, dormir bem, meditar e fazer exercício), você teria mais clareza e energia para lidar com as situações estressantes da sua vida.

Ao se oferecer essas quatro atividades, existe uma sugestão implícita de olhar para a sua própria vida e ver o que talvez precise ser eliminado, a fim de simplificar as coisas e te dar tempo e espaço para cuidar de si. Essa noção de autocuidado inclui conhecer seus próprios gatilhos emocionais (alguns dos meus são, claramente, sirenes e vizinhos discutindo) e estabelecer limites ao redor deles, da melhor forma possível.

Às vezes, alunos de meditação vêm a mim porque se sentem bombardeados pelo ciclo constante do noticiário. Quando eu ouço essa queixa, eu me lembro de algo que a autora bell hooks escreveu: "Se nós, coletivamente, exigíssemos que os meios de comunicação de massa mostrassem imagens que refletem a realidade do amor, isso aconteceria. Nossa cultura seria radicalmente transformada". Em vez disso, esses meios de comunicação estão fixados na exibição de imagens violentas, o que acaba se infiltrando em nosso subconsciente e dominando nossa mente. Eu imagino como deve ser difícil evitar esse tipo de conteúdo quando seu ambiente de trabalho tem uma televisão constantemente ligada, mas para a maioria de nós é uma questão de definir limites claros em torno de como passamos o nosso tempo.

Se você é o tipo de pessoa que recebe mensagens do jornal avisando imediatamente sobre as tragédias que acontecem, liga a televisão assim que chega em casa para deixar as notícias passando no fundo e usa cada ida ao banheiro para dar uma checada no Twitter, eu preciso te contar: você está se causando mais ansiedade do que o necessário. Ninguém explicou isso melhor do que o Thich Nhat Hanh, quando ele disse: "Sempre que temos algum lazer, queremos convidar alguma outra coisa para nos adentrar, nos abrindo para a televisão e dizendo a ela para vir nos colonizar". Ele tem razão. Nós estamos convidando essas situações estressantes para tomar conta do nosso corpo e da nossa mente! Talvez, para conseguirmos cuidar melhor de nós mesmos, seja necessário praticar a simplicidade e eliminar essas influências tóxicas.

De forma alguma estou dizendo que devemos ignorar as notícias do dia – é importante nos informarmos por meio de uma grande variedade de fontes, a fim de enriquecer nossa compreensão do mundo em que vivemos. Às vezes, no entanto, esse ciclo incessante de notícias pode realmente colonizar o nosso cérebro, e talvez já não seja útil se expor a esse cortejo de sofrimento constante. Nesse sentido, um truque que eu aprendi há algum tempo é desativar as notificações do meu celular. Eu fui tão longe com isso que hoje em dia meu aparelho nem sequer vibra quando alguém me manda mensagem. Para me tirar daquilo em que eu escolhi focar (e me levar à distração e, potencialmente, ao estresse), você precisa me ligar. No fim das contas, eu acabo dedicando minha atenção ao celular quando eu quero, em vez de ficar constantemente recebendo uma bandeja de gatilhos emocionais.

Se você acha que talvez o seu uso do celular, da televisão e da internet esteja mais te causando angústia do que sendo útil, é hora de estabelecer alguns limites. Existem milhões de aplicativos e sites feitos para te ajudar a monitorar seu uso do celular e da internet, para desativar certos aplicativos ou bloquear certos sites após um tempo de utilização preestabelecido. Você também pode desativar uma série de notificações, caso elas já não estejam te ajudando. Além disso, você pode parar de seguir perfis de rede social que te trazem ansiedade e focar sua atenção naqueles que geram positividade e apoio. Caso você seja como eu (obsessivo), você pode até mesmo agendar horários específicos para responder aos seus e-mails, a fim de não ficar constantemente olhando para o celular a cada mensagem que chega e pensando: "Talvez isso seja algo que vai me enlouquecer". Outra boa opção é colocar o controle da sua televisão mais longe – isso vai ajudar a eliminar o impulso habitual de ligar a televisão simplesmente porque o controle está perto.

Separe alguns instantes para refletir por quanto tempo você quer se expor a notícias e outros gatilhos emocionais. Sério mesmo: tire dois minutos agora para discernir quanto tempo seria. Depois que você chegar a um número, comprometa-se com essa dieta midiática. É como qualquer dieta: você precisará de disciplina para se restringir apenas àquilo que decidiu que quer para si. Se quiser, você pode ir anotando sua jornada em um caderno de papel à moda antiga. A ideia é aproveitar ao máximo o tempo preestabelecido, realmente se informando sobre os assuntos de cada dia. Porém, quando esse tempo terminar, você precisa ter a disciplina de parar – e eu te garanto que você ficará feliz por ter parado.

A meditação é uma ferramenta útil para reconfigurar fisiologicamente o cérebro. Mas caso você se levante da almofada de meditação e tenha gatilhos de estresse por todo o lado, será difícil sustentar qualquer resquício de atenção plena. Se você parar para pensar quais seriam as melhores formas de simplificar suas horas de pós-meditação e eliminar algumas das tendências prejudiciais que talvez nem ache tão sérias, você vai se surpreender com a grande quantidade de espaço mental que será liberada para dedicar às coisas positivas que você pode fazer.

Nesta seção nós repensamos a nossa relação com o estresse e com a ansiedade e construímos uma caixa de ferramentas robusta, repleta de práticas que podem ser utilizadas para lidar com essas emoções intensas. Para trabalhar com a mente, nós podemos fazer a minha prática favorita, shamatha, como forma de cortar o invólucro do casulo de histórias que nos mantêm isolados do mundo ao redor. Para nos relacionarmos mais plenamente com as nossas emoções, temos a prática de RAIN, que nos ensina que não há problema algum em sentir o que estivermos sentindo a cada momento. Já em nossa experiência de pós-meditação, podemos refletir sobre as armadilhas que nos impedem de nos conectar com o presente – seja as redes sociais ativando nossa mente comparativa, seja os indicadores de identidade pessoal aos quais nos apegamos e que nos separam das outras pessoas – e simplificar nossa vida, deixando as partes tóxicas irem embora.

Quanto mais presentes estivermos em nosso corpo, seja na almofada de meditação ou fora dela, mais começaremos a nos conectar com o mundo ao nosso redor. Como disse a bell hooks na citação que abre este capítulo, quanto mais simples for a nossa vida, mais capacidade de amar nós teremos. Na próxima seção, nós começaremos a explorar o que significa nos envolvermos com as nossas relações interpessoais – e com

a sociedade como um todo – a partir de um coração aberto e amoroso. Se a má notícia é que não existe nenhum botão mágico que possamos apertar para eliminar as situações estressantes, a boa notícia é que o estresse não é o nosso estado natural. Na verdade, nós somos basicamente bons.

PARTE DOIS
UMA NOTÍCIA BOA: VOCÊ PODE RELAXAR

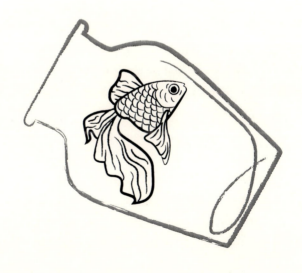

11. DESCOBRINDO NOSSA BONDADE BÁSICA

Não basta o sofrimento.

- THICH NHAT HANH (*BEING PEACE*)

Até agora eu foquei na má notícia: a ansiedade existe. (Foi mal.) Ela se manifesta como um véu que nos separa do mundo ao redor – e, às vezes, esse véu parece ser impossível de ser removido. Outro dia eu recebi um e-mail de uma das minhas alunas de meditação que tinha ido ao médico depois de passar por uma situação horrível. O diagnóstico, depois de meia hora de consulta? "Você será ansiosa pelo resto da vida." Não é de surpreender que ela tenha escrito para mim aterrorizada. Dizer para uma pessoa que ela sempre será ansiosa só faz com que ela fique ainda mais ansiosa.

Embora a ansiedade talvez faça parte do tecido da sua vida neste momento, você pode suavizar sua relação com ela meditando e diminuindo a quantidade de gatilhos de estresse na sua vida cotidiana. Pode ser que você tenha lido o capítulo sobre simplicidade, pedido demissão do emprego e abandonado todos os seus relacionamentos, juntado uma quantidade surpreendentemente grande de comida enlatada e saído correndo para uma caverna no meio do mato. Mas, se você por acaso não fez isso, provavelmente precisará refletir sobre como transitar pelas fontes de estresse atualmente existentes na sua vida. Para falar a verdade, se você estiver lendo isto em uma caverna, eu acho que você vai encontrar novas fontes de estresse por aí (como as mudanças de temperatura ou o medo de que os ursos te façam uma visita enquanto você estiver dormindo). Não importa onde você está – gatilhos de estresse surgirão, não importa se você está meditando ou não. A boa notícia, claro, é que a meditação pode nos ajudar a reconhecer nossos pensamentos ansiosos, enxergá-los como os mosquitinhos efêmeros que de fato são e deixá-los partir.

Mas a melhor notícia é esta: você não é uma pessoa inerentemente ansiosa. Na verdade, você é capaz de relaxar. Apesar das palavras inconsequentes do médico, ninguém está fadado a uma vida inteira de ansiedade constante. Eu sei que talvez você tenha acabado vestindo a identidade da pessoa ansiosa (afinal, faz muito tempo que você não enxerga outra possibilidade), mas esse marcador de identidade é apenas a camada mais superficial de quem você realmente é – na verdade, você possui uma natureza inerentemente boa.

A meditação não serve apenas para nos familiarizarmos com nossas neuroses (sejam elas inveja, medo ou mesmo vergonha), mas também para descobrir nossa sabedoria inata

– que, no budismo tibetano, é chamada de bondade básica: a sanidade que se encontra logo abaixo da superfície, o âmago vulnerável e tenro da nossa humanidade, apenas esperando para surgir e nos permitir beneficiar a nós mesmos e aos outros. Todas as pessoas possuem essa bondade básica – e quanto mais conseguimos relaxar com o momento presente, mais somos capazes de descobri-la por conta própria.

Esse é provavelmente o termo mais importante do livro, então deixe-me explicar melhor. *Bondade* não é uma coisa meio Star Wars de luta do bem contra o mal. Não existe ninguém "basicamente mau" contra quem lutar. "Bondade" traz implícita uma sensação de plenitude, de que está tudo primordial e completamente certo – não há nada de errado conosco, nada que precise ser consertado. *Básica*, por sua vez, não quer dizer que é tipo inculta ou sem refinamento, mas sim que essa bondade é algo inerente e fundamental em todos nós. Nós não precisamos ir a algum lugar para conseguir essa bondade, ela é algo básico de quem somos neste instante.

Se você deu um suspiro de alívio, pode ter certeza de que não foi a única pessoa. A noção de bondade básica é algo poderoso e contracultural. Desde a nossa infância nos ensinam que há algo de errado conosco, que precisamos fazer mais coisas, ter mais coisas e conquistar mais coisas – é exaustivo. Quando compramos essa ideia de que sempre precisamos de "mais", nunca conseguimos relaxar com o presente e apreciar quem somos. Em vez disso, estamos olhando adiante para quem poderíamos ser.

Isso normalmente significa que estamos de olho no próximo passo da vida: no próximo degrau em termos de educação

formal, com esperança de que isso nos leve a um bom emprego, depois a uma boa situação financeira, depois a uma boa casa, com bastante espaço para uma boa família, e por aí vai. Constantemente nos apresentam mais coisas que deveríamos fazer na busca por algo de bom, em vez de simplesmente buscar isso dentro de nós.

Então, só para fechar esse assunto, a melhor notícia que eu tenho para dar é uma notícia excelente: nós podemos descobrir que somos pessoas inerentemente boas, plenas e completas sendo exatamente como somos. Nós não precisamos de um monte de fatores externos para sermos plenos – podemos ter a experiência da plenitude aqui e agora.

Mas, por favor, não acredite nisso só porque eu estou falando. Se você quiser brigar comigo e dizer "As pessoas são uma bosta, inclusive eu", fique à vontade. Só que, em algum momento durante a sua meditação, eu imagino que você tenha sido capaz de relaxar com a respiração por alguns instantes – e, durante esse breve intervalo, sentiu que estava tudo certo com você. Esse momento, em que percebemos que por debaixo do turbilhão de pensamentos inconvenientes nós somos pessoas basicamente boas, é um dos momentos mais poderosos da prática da meditação. O professor budista tibetano Chögyam Trungpa Rinpoche uma vez disse: "Nós temos vislumbres da bondade o tempo todo, mas normalmente não conseguimos reconhecê-los. Quando vemos uma cor viva, estamos testemunhando nossa própria bondade inata. Quando ouvimos um som bonito, estamos ouvindo nossa própria bondade básica. Quando terminamos um banho, nos sentimos refrescados e limpos – e quando saímos de um quarto entulhado, apreciamos a lufada repentina de ar fresco. Esses acontecimentos podem durar uma fração de segundo, mas são experiências reais da bondade".

A parte bela da meditação começa quando captamos um vislumbre da bondade básica. Como praticante de meditação há mais de trinta anos, dentro das minhas capacidades limitadas, é assim que eu entendo o caminho como um todo:

1. Descubra sua bondade básica.
2. Crie uma confiança na sua bondade básica.
3. Veja o mundo continuamente a partir da lente da sua bondade básica.

Só isso. Se você tiver vivenciado um momento minúsculo, durante a meditação, em que você relaxou no seu estado natural e sentiu um vislumbre da bondade, pode riscar o primeiro item da lista. Ainda assim, a maior parte do tempo que passamos no caminho espiritual consiste em, a cada momento, aprender a confiar nessa experiência e aceitar quem somos. Quanto mais fizermos esse trabalho interno, mais seremos capazes de nos conectar com os outros e com o mundo ao redor a partir do lugar da bondade básica, em vez do lugar de estresse e ansiedade.

Não é que só eu e você sejamos pessoas basicamente boas – todo mundo é. Cada pessoa possui essa bondade básica, o que significa que a pessoa que te deu aquela fechada no trânsito é basicamente boa. A pessoa do seu último relacionamento amoroso é basicamente boa. Aquela chefe difícil de lidar é basicamente boa. Ainda assim, às vezes, essas pessoas agem como imbecis. E o mais estranho é que essas duas coisas po-

dem ser verdade ao mesmo tempo!

Se você tem explorado essa noção de bondade básica (ou, melhor ainda, teve algum tipo de experiência desse tipo), você deve saber que tem horas em que você está em contato com sua bondade e sabedoria básicas... e em outras horas, nem tanto. Você adoraria manifestar continuamente essa bondade básica, mas (*tcharam!*) a pessoa do telemarketing que ligou quando você estava saindo de casa te irritou e você deu um passa-fora nela. Isso é um exemplo de quando você, mesmo com a bondade básica e tudo o mais, às vezes ainda age a partir de um estado de confusão, no qual você está mais em contato com sua neurose do que com sua despertez.

Eu estou falando disso não para te diminuir, mas para mostrar como nós podemos possuir essa bondade básica *e* ainda assim, ocasionalmente, agir a partir de um lugar interno de confusão. Deus do céu, como eu já fiz isso. Saber que de vez em quando eu posso ser pouco hábil me permite ser mais tranquilo com as outras pessoas quando elas também fazem isso.

Vamos fingir que você está no meio do trânsito matinal a caminho do seu trabalho. No carro ao lado, você nota um senhor frustrado, falando sozinho e socando o volante com as mãos. Em vez de fechar o seu coração ou virar para o outro lado, o que aconteceria se você tivesse um momento de identificação? "Ah, essa pessoa está atrasada para o trabalho e com raiva do trânsito, assim como eu." Ou então você percebe um atendente sobrecarregado no caixa da loja de departamento, sendo mal-educado com os clientes e correndo estabanado de um lado para o outro. Nesse momento você pode perceber: "Essa pessoa está tendo um dia difícil, assim como eu". O fato de esses indivíduos estarem agindo de forma insana ou triste (ou qualquer outra) não nega a bondade básica deles, certo?

Um único momento de identificação e compreensão faz nascer a compaixão. *Eu sou uma pessoa basicamente boa. Essas pessoas também.* Uma conexão afetiva se forma. Quanto mais desenvolvermos nosso relacionamento com a nossa própria bondade básica, mais seremos capazes de reconhecê-la nos outros.

Somando eu e você, mais todo mundo que nós amamos, mais essas pessoas difíceis, mais o grande número de pessoas que nós não conhecemos, temos uma coisa: a sociedade. Quando refletimos sobre o fato de a sociedade ser composta de todos esses indivíduos basicamente bons, nos abrimos para a possibilidade muito real de que a própria sociedade seja basicamente boa. Ela é feita de pessoas que estão se esforçando para ter paz e calma, mas como frequentemente elas não sabem o que fazer para alcançar isso, acabam em um redemoinho de ansiedade e agem de forma danosa por conta disso. Para conseguirmos perceber mais bondade na nossa sociedade, precisamos começar aprofundando nossa própria relação com a bondade amorosa. Entretanto, para permanecermos realmente enraizados em nossa bondade, precisamos olhar para aquilo que nos impede de enxergar continuamente através dessa lente: a armadilha da dúvida.

12. A ARMADILHA DA DÚVIDA

Uma hora eu estou me sentindo bem. No momento seguinte, minha insegurança surge rastejando por trás de uma quina com um bigode de ator de filme pornô dos anos 70 e um sobretudo aberto, para me lembrar quão autocrítica eu deveria ser.

— Adreanna Limbach (Tea and cake with demons)

Meu livro anterior a este se chama *Guia do coração partido: conselhos budistas para as dores do amor*, e em um dos capítulos eu conto sobre uma época particularmente devastadora na minha vida – e sobre como uma pessoa próxima a mim me ajudou a recuperar o ânimo, me lembrando de que eu iria viver o amor outra vez. No livro, eu fiz a mesma coisa com os leitores: escrevi que, caso algum deles sentisse que nunca mais iria amar ninguém, era só me passar o telefone por e-mail e eu ligaria, para ajudar a lembrar que isso não é verdade. Passaram-se anos e centenas de e-mails, e até hoje eu respondo a cada pessoa que me escreve.

Qual é o denominador comum, em vários dos e-mails dessas pessoas? Por trás do término atual, existe um sentimento de que elas não merecem amor. Não são boas o suficiente. Não têm saúde mental o suficiente. Não são capazes de ser amadas. O resto do mundo tem tudo isso, mas elas não. Eu já vi isso centenas de vezes: cada carta é escrita de um jeito diferente, mas todas comunicam a crença de que a pessoa por trás daquelas palavras não é o suficiente. Isso é uma manifestação daquilo que podemos chamar de "a armadilha da dúvida".

Essa armadilha é o principal obstáculo que nos impede de repousar continuamente na nossa bondade básica. Pode ser que você esteja meditando e tenha um vislumbre (por um segundo) de que está tudo certo em você permanecer com a respiração, repousando firmemente no momento presente. Mas logo em seguida surge um pensamento: "Ô, idiota. Não dá pra ficar repousando com a respiração não. Você precisa fazer algo de verdade! Isso é uma perda de tempo". Ou, ainda melhor: "Você é uma perda de tempo". Eis que a dúvida mostra suas garras outra vez.

De acordo com a minha tradição, a dúvida pode se manifestar de seis formas diferentes. A primeira vai parecer nitidamente familiar (Oi, ansiedade, estou te vendo aí, hein!), mas os outros aspectos da dúvida surgem com frequência quando estamos dissociados do nosso senso inato de plenitude.

1. ANSIEDADE

Você se lembra do refrão daquela música *"The Sound of Silence"*, da dupla Simon & Garfunkel? A letra diz o seguinte: *"Hello darkness, my old friend / I've come to talk with you again"*[2]. Quando você não consegue dormir o suficiente ou está passando por um aumento considerável na quantidade de gatilhos estressantes, naturalmente a ansiedade virá conversar com você outra vez, como uma velha amiga querendo um tempo do seu dia.

Na perspectiva budista, a ansiedade surge quando você cai na armadilha da dúvida. Você questiona se, no seu âmago, você de fato é uma pessoa basicamente boa ou plena como é e, portanto, acaba comprando a ideia de que, se pudesse simplesmente conseguir essa coisa nova que surgiu, você seria feliz. A coisa pode ser a versão perfeita de um relacionamento amoroso, de um emprego, de um filho ou filha, de uma casa ou de uma rotina de exercício físico. Pode ser qualquer coisa. Se nós desenvolvermos uma certa curiosidade a respeito da nossa experiência, vamos perceber que estamos sempre ansiando por algo novo, algo a mais, algo que nos tornará plenos. Quando não conseguimos essa coisa, desejamos mais ainda e nos sentimos ansiosos. Quando conseguimos essa coisa, desejamos outra coisa e nos sentimos ansiosos.

Vamos imaginar que você está buscando uma promoção no trabalho. Você fica pirando sobre isso durante um mês inteiro: se der certo, você vai poder pagar por um apartamento

---

2 Oi, escuridão, minha velha amiga / Eu vim conversar com você outra vez. (N.T.)

só seu, sem precisar dividir com outras pessoas, e isso seria ótimo. Se não der certo, provavelmente quer dizer que eles não te valorizam no trabalho. Agora que você já definiu uma boa quantidade de histórias para ficar remoendo de forma obsessiva, você passa todo o seu tempo livre sentindo ansiedade em relação a essa questão.

De repente chega o grande dia: você conseguiu! Que máximo! Parabéns! Mas depois de uma pequena pausa, você pensa: "Ah, não. Como eu vou dar essa notícia para as pessoas com quem eu divido o apartamento? Elas vão ficar desoladas!" ou "Mudança é algo tão estressante – não acredito que vou ter que começar a procurar apartamento sem ninguém para ajudar!". Sua mente já encontrou uma coisa nova para poder sentir ansiedade.

Agora o caso contrário: você não conseguiu a promoção. Sinto muito. Mas depois de uma pequena pausa, você pensa: "Será que esse é um emprego sem futuro? Será que eu preciso pedir demissão?" ou "Deve ter algo errado comigo. Acho que daqui a pouco vão me demitir e eu vou acabar embaixo da ponte!". Assim como na outra opção, sua mente já encontrou outras coisas para poder sentir ansiedade.

Eu vim aqui te dizer que você pode olhar no fundo dos olhos da ansiedade, sem precisar fugir dela. Não precisa construir essas histórias todas. Você é capaz de permanecer com a emoção, deixar ela passar através de você sem os pensamentos repetitivos e depois voltar para o momento presente. Você está se perguntando qual habilidade nos permite ficar com a nossa experiência atual (seja ela boa, má ou feia) e nos manter enraizados na bondade básica? É exatamente para isso que estamos treinando durante a prática da meditação.

2. CIÚMES

Todo mundo do trabalho sai para almoçar e você fica se perguntando por que não te convidaram. Será que você fez algo de errado? Será que você não é popular? Do nada, aparece aquele medo de ser a última pessoa a ser escolhida para o time de futebol na aula de educação física e, *tcharam!*, você se deixou levar diretamente para a conclusão de que algo de fundamental deve estar errado com você. No entanto, em vez de pirar de ansiedade, nesse caso sua insegurança se manifesta como ciúmes: "Todo mundo foi convidado. Por que eu não fui?"

Quando o mundo não nos trata da forma que esperávamos, acabamos nos decepcionando e, em alguns casos, sentindo inveja daquelas pessoas que nos parecem estar em uma situação muito melhor do que a nossa. Não nos sentimos plenos e completos sendo quem somos, então ficamos com inveja da pessoa que tem mais dinheiro do que nós, ou que está casada enquanto nós seguimos na solteirice, ou que tem uma casa enquanto nós moramos em um apartamento xexelento. Quando começamos a nos comparar com os outros, isso não traz nenhuma alegria.

Quando estamos perdidos em meio à inveja, um antídoto é lembrar que todo mundo está sofrendo de alguma forma. A pessoa que tem muito dinheiro também pode se sentir sozinha a maior parte do tempo. A pessoa que está casada pode estar passando por um aperto para pagar as contas. E aquela casa linda? Por dentro, ela está caindo aos pedaços e deixando todo mundo estressado. Ninguém está com tudo totalmente resolvido, então é preciso lembrar que essas pessoas talvez não demonstrem suas questões abertamente e, portanto, nós deveríamos ser gentis com essas pessoas que invejamos – porque, com certeza, as questões estão lá.

3. ESQUECIMENTO

Às vezes você pode se perder tanto nas histórias internas sobre como você não é uma pessoa suficientemente isso ou aquilo, que acaba perdendo de vista os detalhes da sua vida. Você entra em uma espiral e isso consome tanto da sua energia mental que não sobra nada para reconhecer o que está acontecendo no momento presente.

Por exemplo: por acaso você já entrou em um cômodo, enquanto viajava nos seus pensamentos, e, quando se deu conta, percebeu que não tinha a menor ideia de como tinha chegado ali? Bom, isso é a insegurança se manifestando como esquecimento. Você vira uma pessoa tão fechada para a realidade da sua situação e tão perdida no próprio monólogo interior que pode acabar indo de cômodo em cômodo sem nem sequer se lembrar do que você precisava fazer em qualquer um deles.

Para combater os sintomas do esquecimento, uma boa ideia é desacelerar a p*rra toda. Ande mais devagar. Leve o tempo necessário para tomar sua bebida e sentir o gosto. Perceba o ambiente ao seu redor. O ato de desacelerar fisicamente pode ajudar a te trazer de volta para o momento presente, no qual você pode se reconectar com sua própria bondade básica para se salvar da armadilha da dúvida e do esquecimento subsequente.

4. ARROGÂNCIA

Imagine a pessoa mais arrogante que você conhece. Agora, em vez de se perder nas emoções que surgem ao pensar em como ela é babaca, separe alguns instantes para considerar o seguinte: será que é possível que ela esteja tentando compensar uma falta de confiança?

Quando você não se sente bem em relação a si, pode ser que tenha a tendência de se empertigar para compensar esse grande vazio interno da dúvida que você está sentindo. Em vez de olhar diretamente para essa sensação, você gasta sua energia mental repetindo internamente que tem razão e que qualquer pessoa que discorde de você está errada – ou então dizendo para si que você é mais inteligente e melhor do que essas pessoas com quem você está tendo algum conflito. Sinceramente, isso pode ser bem cansativo.

Quando você perceber que está expressando sua dúvida como um tipo de arrogância, pode se fazer a seguinte pergunta: "Será que é isso mesmo?" Será que os argumentos das outras pessoas não têm validade alguma? Será que você sabe mais do que todo mundo ao seu redor? Será que isso é cem por cento verdade? De alguma forma, adquirir uma certa curiosidade gentil em relação à nossa própria experiência suaviza nossa arrogância e nos torna mais abertos para as perspectivas das outras pessoas, o que nos traz de volta a um lugar de compreensão e compaixão.

5. OFENSA

Quando uma pessoa não se sente bem em relação a si própria, ela pode tentar colocar as outras pessoas para baixo a fim de trazê-las para o mesmo nível.

Acho que não preciso falar muito sobre isso: você certamente já agiu assim ou então conhece alguém que age dessa forma. As pessoas que estão verdadeiramente conectadas com a bondade básica não saem por aí diminuindo os outros – elas tentam usar as palavras para encorajá-los.

Tomar consciência das nossas palavras é uma maneira garantida de nos remover de padrões negativos. Você pode separar um dia, por exemplo, e monitorar a forma como você fala sobre as outras pessoas. Será que, em geral, as suas palavras são elogiosas e ajudam os outros? Ou será que elas sugam energia tanto de você quanto das outras pessoas? Se for a segunda opção, você pode se disciplinar para voltar a utilizar sua fala como uma ferramenta para o bem.

6. SEM SINCRONIA ENTRE MENTE E CORPO

Você está correndo pela casa, com a cabeça nas nuvens, e por algum motivo é nesse momento – sempre nesse momento – que sua roupa se enrosca na porta. Você rasga seu casaco favorito (que é insubstituível) e começa a se estressar com isso também. Por quê? Bom, quando você sente que está chafurdando em dúvidas sobre seu próprio valor e sua bondade, pode ser

que você também sinta um certo desconcerto físico.

Uma pessoa que está enraizada em seu próprio senso de que está tudo certo com ela geralmente possui uma certa tranquilidade e energia naturais. A palavra tibetana para isso é *ziji* – um conceito que pode ser traduzido como "confiança", mas cuja versão mais direta seria "irradiando esplendor". Quando você está em contato com a bondade básica, você irradia um senso de calor e graciosidade. Quando você se desconecta disso, você também se desconecta do seu corpo e acaba tropeçando na calçada, derrubando copos de água e topando o dedão.

Felizmente, todos esses sintomas da dúvida podem ser tratados. A receita não é outra coisa além daquilo que eu já falei antes: perceber as histórias que contamos internamente, deixá-las ir embora e voltar para a experiência somática do momento presente. Quando voltamos para a respiração, o movimento do corpo ou a conversa que está acontecendo naquele momento, podemos acabar descobrindo um instante de relaxamento. Nesse momento de paz, estamos em contato com uma experiência de existir de forma plena e completa. Pela prática da meditação podemos nos treinar para desmontar a armadilha da dúvida e retornar, a cada momento, para um estado livre de ansiedade.

13. DESPERTANDO SEU CORAÇÃO ABERTO

Então você tenta apelar para a bondade de todo ser humano. E você não desiste. Você nunca desiste de ninguém.

- JOHN LEWIS (ON BEING WITH KRISTA TIPPETT)

Uma maneira garantida de soltar as narrativas internas que geram ansiedade é voltar nossa atenção para as pessoas ao nosso redor. Um dos meus primeiros professores budistas gostava de dizer: "Se você quiser ser muito infeliz, pense apenas em si. Se você quiser ser feliz, pense nos outros". Essa mudança fundamental liberta nossa energia mental de um foco intenso em problemas que talvez ainda não tenham solução e nos abre para o mundo ao redor.

Existe um termo em sânscrito que comunica esse potencial humano de se conectar com os outros: *bodhichitta*. *Bodhi* pode ser traduzido como "aberto" ou "desperto" e *chitta* se refere ao nosso coração/mente. (Nesse contexto, não existe muita distinção entre a mente e o coração.) Como um todo, bodhichitta se refere à nossa habilidade humana inata de abrir e despertar nosso coração para poder estar em contato com os outros.

Todo mundo tem um ponto sensível dentro de si, uma abertura e uma ternura que estão apenas esperando para serem reveladas. Lembra aquela vez que você estava caminhando pela rua, aquele cachorrinho fez uma daquelas coisas que os filhotes fazem e o seu coração simplesmente derreteu? É desse ponto sensível que eu estou falando. É o amor apenas pelo amor. Não é como se você sentisse uma atração romântica e quisesse marcar um encontro com o cachorrinho, né? Você simplesmente sente o amor em sua forma pura. Nesse estágio, depois de termos construído nossa base a partir dos ensinamentos fundacionais sobre lidar com a nossa própria mente, estamos caminhando para um novo patamar: o caminho Mahayana. *Maha* pode ser traduzido como "maior" e *yana* significa "caminho" ou "veículo". Ao nos movermos da cabeça para o coração, da ansiedade para bodhichitta, em última instância estamos redirecionando o foco, que se encontrava apenas em nós e em nossas questões pessoais, para ter mais conexão com o mundo ao redor.

A todo momento você tem uma escolha: você pode perpetuar as histórias ansiosas dentro da sua cabeça ou, por um momento, levantar os olhos e se conectar com todas as coisas que estão acontecendo bem debaixo do seu nariz. Quando você tira essas miniférias da sua ansiedade e confere o seu ambiente, normalmente existe alguma coisa com a qual você pode se conectar e usar como um portal para abrir o seu coração: uma mãe cuidando do filho, dois amigos se reconectando e dando um abraço superdemorado, um homem chorando e alguém segurando sua mão... Tudo de bom e de ruim no mundo está apenas esperando você despertar seu coração – basta remover o véu da ansiedade por um instante.

Provavelmente o fator que mais te impede de manter o coração aberto é o seu medo de se ferir. Pode ter algo a ver com a sua vida amorosa – talvez você tenha colocado seu coração na mesa e a outra pessoa veio com um martelo desnecessariamente grande destroçá-lo em pedacinhos. Pode ser que naquele momento você tenha catado os cacos e pensado: "Acho que eu vou bloquear esse nível de vulnerabilidade – para mim chega". É possível emparedar o próprio coração, fechar-se no seu próprio casulo e agir a partir de um lugar interno de medo.

Mas um coração fechado não precisa necessariamente ser consequência de algo romântico – também pode ser por conta de alguma empreitada de negócios. Anos atrás, eu estava trabalhando de forma muito próxima com uma pessoa e nós tínhamos um lindo hábito de mencionar quando percebíamos que o outro estava agindo com base no medo. Quando um de nós expressava, por exemplo, certa preocupação em perder uma oportunidade, o outro perguntava: "Será que nós estamos agindo com base na abertura ou com base no medo?" O simples fato de fazer essa pergunta nos levava de volta para a perspectiva de bodhichitta, na busca por lidar com o nosso trabalho a partir da sensação de possuir um vasto potencial para ajudar os outros, em vez de lidar com aquilo a partir de uma mente fechada ou amedrontada.

Nós podemos começar a perceber que, quando fechamos

nosso coração, a ansiedade surge – junto com o ato de demonizar as outras pessoas. Quando fazemos isso e fechamos nosso coração para elas, estamos ferindo a nós mesmos e o mundo ao redor. A paz de verdade, tanto interna quando para a sociedade como um todo, não será alcançada por fecharmos nosso coração para certos tipos de pessoas – isso só nos levará à tentativa sistemática de eliminá-las da nossa vida. A paz de verdade surgirá quando sensibilizarmos nosso coração e incluirmos até mesmo as pessoas mais difíceis como parte da nossa prática de compaixão.

Aconteceu uma coisa engraçada quando eu estava entrevistando pessoas para escrever meu livro anterior, *Guia do coração partido: conselhos budistas para as dores do amor*. Na verdade, aconteceram algumas coisas engraçadas. A primeira é que eu achei que todo mundo que viesse falar comigo iria contar algo do seu último relacionamento, mas na verdade muitas pessoas estavam com o coração partido por conta do estado do mundo – e cada uma se percebia muito sozinha, porque achava que era a única que sentia isso. A outra coisa engraçada é que, quando essas pessoas começavam a falar sobre seu último relacionamento, elas passavam por uma transformação.

Para deixar bem claro: minha intenção não era aconselhar ninguém. Meu trabalho era simplesmente sentar e escutar. Eu perguntava: "Como você sente o coração partido?" e calava a boca. Nós tínhamos vinte minutos juntos: às vezes a pessoa ficava com essa pergunta e nós passávamos o tempo todo respondendo a isso. Ela me contava sobre como amava a última pessoa com quem tinha tido um relacionamento, depois falava das coisas terríveis que essa pessoa tinha feito, como ela era babaca – e então alguma coisa mudava.

Ela começava a ter uma atitude mais suave em relação à tal pessoa. Quando ela tinha tempo e espaço suficiente para simplesmente verbalizar as próprias emoções e ser ouvida sem qualquer julgamento, ela começava falando de alguém que ela tinha acreditado ser um amor (e que naquele momento ela enxergava como um inimigo) e, no fim das contas, acabava sentindo pena da pessoa. Esse momento frequentemente terminava com a seguinte conclusão: "Fulano é muito babaca e merece se dar muito mal – mas eu espero que no final das contas essa pessoa encontre a felicidade".

O que eu descobri é que, quando fecho meu coração para uma pessoa, isso só me faz sentir dor e ansiedade – até o exato momento em que consigo me sensibilizar para ela. Mas, enquanto esse momento não chega, certamente a outra pessoa não está parando o dia dela no meio de uma conversa para dizer: "Com licença, eu preciso ir lá me sentir mal. Tem uma pessoa do outro lado do país que está tendo pensamentos negativos sobre mim". Quando eu fico sentado cozinhando internamente a ideia de que aquela pessoa está sendo babaca, eu só estou criando mais agressão no meu próprio coração e na minha própria mente. Quanto mais energia mental eu gasto no campo da agressão, mais o mundo externo me parece insano e assustador.

Um sistema budista que pode ajudar na hora de pensar sobre a noção de bodhichitta é o de corpo, fala e mente. Se o nosso coração/mente estiver aberto, nossa fala será naturalmente compassiva e nossas atividades e atos corporais seguirão na

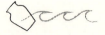

mesma linha. Se o nosso coração/mente estiver fechado, nós vamos perpetuar padrões negativos em nossa fala e em nossas ações. Em outras palavras, quando gastamos muita energia mental perdidos na noção dualista de "eu" contra "eles", esses pensamentos se transformam em palavras e atos, o que no fim das contas acaba ferindo os outros e a nós mesmos.

Se olharmos diretamente para nossas emoções intensas e para a tendência de nos desconectarmos da nossa bodhichitta, vamos estar preparados para lidar com as pessoas da nossa vida que são completas imbecis. (Aliás, quando começamos a usar termos como "imbecil", isso é um sinal de que talvez tenhamos fechado nosso coração para elas, em vez de incluí-las em nossa bodhichitta.) Em seu livro *A coragem de ser você mesmo*, a professora e palestrante Brené Brown diz: "Quando vemos as pessoas de perto, é difícil odiá-las". Normalmente, quando chegamos ao ponto de pensar em alguém como sendo um inimigo, é porque não a vimos pessoalmente ou faz muito tempo desde que estivemos na presença dela.

Tente fazer o seguinte experimento mental: visualize na sua mente uma pessoa que você acha que é uma babaca total ou que você acha que não merece a sua compaixão. Agora, imagine o desenrolar do dia dela. O que ela faz quando acorda? Será que ela é gentil com seu companheiro ou companheira? Será que brinca com as crianças? Será que ela chuta o próprio cão ou cuida bem dele? Continue a acompanhar essa pessoa. Será que ela fica irritada com o trânsito? Será que dá uma gorjeta para o atendente da cafeteria local? Será que algum projeto profissional dela vai por água abaixo? Continue seguindo a pessoa até a hora de dormir, quando ela se aconchega na cama.

Somando tudo, dá para fazer esse exercício em cinco minutos.

Embora você esteja fazendo isso no conforto da sua própria casa e não esteja realmente perseguindo a pessoa pela cidade, talvez em certos momentos você comece a enxergar algum ponto de conexão entre vocês e seu coração comece a relaxar e a se sensibilizar. Você pode pensar: "Eu também sinto essa irritação quando me atraso para o trabalho" ou "Ela só está tentando sustentar as pessoas que ela ama, assim como eu". Esses vislumbres de "assim como eu" são os momentos em que nos reconectamos à bodhichitta, ao coração amoroso, vulnerável e à flor da pele, que está apenas esperando ser redescoberto.

Um exercício menos teórico seria passar de fato uma tarde inteira com a pessoa que você acha que é difícil. Provavelmente você veria a preocupação dela com seu companheiro ou companheira, suas frustrações extremamente humanas e seu sofrimento como um todo. Quando nós enxergamos a dor que todo mundo (todo mundo *mesmo*) sente, se torna muito difícil odiar uma pessoa e pensar nela como "outro".

Fazer de alguém um "outro" é, em sua essência, um ato agressivo. Quando damos esse rótulo a alguma pessoa, estamos dizendo que nós estamos certos, ela está errada e não merece ser tratada como alguém plenamente humano. A minha experiência é que é muito doloroso ser tratado como um "outro" e se deparar com o coração fechado de outra pessoa – e eu imagino que você também já tenha sentido essa dor. Então aqui vão três ferramentas que nos ajudarão a perfurar o impulso de fechar nosso coração para essas pessoas difíceis:

1. ATENÇÃO PLENA

Já sei, eu estou chovendo no molhado aqui. O mestre zen vietnamita Thich Nhat Hanh gosta de falar sobre como nós podemos "apadrinhar nossa raiva" com a atenção plena. Ele escreveu o seguinte:

"Normalmente, quando as pessoas estão com raiva, elas dizem e fazem coisas que causam danos aos outros e a elas próprias. Elas acreditam que, fazendo isso, vão liberar o campo de energia raivosa que está queimando dentro do seu coração. Elas gritam e berram, batem nas coisas e atiram flechas de palavras envenenadas nos outros. Esses métodos de liberação são perigosos... Portanto, o único método que possui uma eficácia duradoura é o método da observação atenciosa, a fim de enxergar e compreender as raízes da nossa raiva."

Se nós estivermos praticando meditação de forma regular, ocorre um certo espaço na nossa experiência, entre sentir o que sentimos e agir a partir disso. Quando conseguimos repousar nesse espaço, ele se torna a diferença entre atirar flechas de palavras envenenadas nos outros e fazer o trabalho interno de transmutar a raiva em simpatia. Nós podemos vivenciar o que quer que surja, ficar presentes com isso sem julgamentos e, depois que tivermos nos acalmado, responder às outras pessoas de uma forma, em última instância, mais compassiva.

Eu mencionei a simpatia porque, depois de ficar com as nossas emoções, talvez possamos perceber que, sem sombra de dúvida, a pessoa que nos fez sofrer também está sofrendo. Antes de falar com a pessoa que causa essas emoções intensas em você, algo que pode ajudar é se perguntar internamente: "Será que eu acho que essa pessoa está sofrendo?" ou "Será que eu acho que essa pessoa está manifestando a melhor versão de si mesma?". Fazer isso pode ajudar a transpassar a tendência dualista do "eu" contra "eles" e te ajudar a enxergar que, naquele momento, talvez a única coisa por meio da qual vocês consigam se conectar é que ambos estão sofrendo. Quando percebemos que tanto eu quanto você estamos sofrendo, a simpatia e a compaixão podem florescer.

2. LEMBRAR DA BONDADE BÁSICA DO OUTRO

Quando você descarta alguém do seu coração, é fácil dizer que todo mundo possui bondade básica – exceto essa pessoa. Mas eu espero que, a esta altura, você já saiba que isso não é verdade. Todo mundo possui a semente do despertar no próprio coração, mas nem todo mundo teve a oportunidade de regá-la. Lembre-se de praticar pensando nas dificuldades pelas quais essa pessoa passou e veja se isso ajuda a sensibilizar o seu coração para ela.

Isso não significa dar um passe livre para o mau comportamento, mas sim reconhecer que, por trás do espesso véu de confusão, medo e raiva que a pessoa talvez esteja usando, existe alguém que possui o mesmo potencial que nós temos de despertar para o próprio coração/mente. Uma contemplação que pode ajudar é pensar nessa pessoa quando era uma criancinha. Eu nunca ouvi falar de crianças pequenas com o coração endurecido para o mundo ou explicitamente pre-

conceituosas contra alguma etnia, credo ou tipo de ser humano. Elas são inocentes e estão abertas para a experiência do mundo tal qual ele é – e essa mesma abertura existe dentro da pessoa que nós talvez chamemos de "inimiga".

3. VER AS BOAS QUALIDADES NO OUTRO

Se estivermos muito bloqueados, uma ação simples que pode ajudar a nos desbloquear é contemplar uma qualidade boa em alguém que percebemos como tendo grandes falhas de caráter. Na série *How I Met Your Mother* existe um personagem chamado Arthur da Artilharia, que é um chefe especialmente feroz no escritório de advocacia no qual um dos personagens principais trabalha. Sem saber como lidar com a raiva gerada pela vida pessoal, o Arthur da Artilharia explode como um canhão sobre os subordinados. Além disso, ele realmente ama seu cão e, no instante em que alguém menciona o animal, ele esquece toda a raiva e fica parecendo um bebê.

Embora o Arthur seja uma versão extrema disso, a ideia é que todo mundo possui qualidades redentoras. Essa pessoa inimiga pode ser muito romântica com seu companheiro ou companheira, gentil com seus vizinhos ou dedicar seu tempo como voluntária, treinando jovens do subúrbio. Em cada uma das três experiências práticas mencionadas ao longo deste capítulo, minha recomendação é que possamos olhar diretamente para essa pessoa por tempo suficiente para reconhecer sua humanidade por inteiro, a fim de despertar nosso coração teimoso.

Eu sei que já falei sobre os perigos de fechar nosso coração e como isso nos leva a demonizar os outros, mas parece que muitos dos problemas do nosso mundo surgem dessa tendência de se desconectar da bodhichitta. O tribalismo nasce quando endurecemos nosso coração para certos tipos de pessoa. Meu lado é o lado bom, porque a gente acredita nessas coisas aqui. O seu lado é mau, porque suas crenças são diferentes. Isso se manifesta como conflitos religiosos, impasses políticos, guerras étnicas e muito mais. Grupos inteiros de pessoas recebem o rótulo de "outro" e, a partir disso, só conseguimos pensar em fechar nosso coração para qualquer um que seja como elas. Isso acaba gerando muita dor na nossa sociedade.

Quando eu tinha oito anos de idade, uma amiga da família, chamada Sonya, me levou para um passeio. Ela perguntou como ia a escola e eu respondi o seguinte: "Bom, os meninos odeiam as meninas e as meninas odeiam os meninos". Claro que não era bem assim – as meninas e os meninos eram muito implicantes, mas, depois de um ou dois ou anos, as mesmas pessoas que se odiavam acabavam admitindo que estavam apaixonadas uma pela outra. No entanto, durante o nosso passeio, ela me segurou pelos ombros e ficou de frente para mim, antes de olhar no fundo dos meus olhos e dizer: "Ódio é uma palavra muito forte. Você nunca deveria usar a palavra 'ódio'".

Daquele dia em diante, eu fiz questão de olhar bem de perto para essa palavra específica. Eu não trago ódio por ninguém no meu coração, mas eu conheço pessoas que possuem – e isso é muito doloroso para elas. É uma lente através da qual elas enxergam o mundo, o que obscurece qualquer alegria ou contentamento. Quando emoções como medo ou raiva se cristalizam

em um padrão como o ódio, isso empodera indivíduos para agir de formas monstruosas e horríveis, às vezes gerando mortes.

Por outro lado, eu me inspiro em heróis como o deputado John Lewis, um ativista dos direitos civis que nunca se deixou levar pelo ódio, não importava o tamanho da perseguição contra ele. Enquanto lutava pelos direitos da população afro-americana, ele foi intimidado, atacado e maltratado. Uma vez ele disse o seguinte:

"De tempos em tempos nós conversávamos sobre como, quando você visse alguém te atacando, te batendo e cuspindo em você, você tinha que pensar naquela pessoa muitos anos atrás, quando ela era uma criança inocente, um bebê inocente. O que será que aconteceu? Algo deu errado? Foi o ambiente? Será que alguém ensinou aquela pessoa a odiar e maltratar os outros? Então você tenta apelar para a bondade de todo ser humano. E você não desiste. Você nunca desiste de ninguém."

Seria muito fácil alguém que passou por tantas experiências ruins endurecer o próprio coração e desprezar as pessoas brancas, por conta da dor que sentiu. Em vez disso, ele disse: "Não. Elas são pessoas. Eu sou uma pessoa. Eu consigo encontrar um terreno comum". Eu fico comovido ao pensar que ele chegava ao ponto de contemplar não apenas as ações que a pessoa estava perpetuando naquele momento, mas também como ela tinha chegado ali. O fato de que ele e as pessoas com quem ele cooperava refletissem sobre a dor que seus abusadores tinham sentido me parece um alargamento quase inimaginável do coração – só que, como ele conseguiu, eu sei que nós também podemos fazer o mesmo.

Nós podemos seguir os passos dos grandes heróis e apelar

para a bondade inata de cada pessoa mundo afora. Cada ser humano possui a bondade básica, não só eu e você – e isso significa que, mesmo ao ver certos tipos de pessoa fazendo coisas com as quais não concordamos, podemos evitar o sofrimento do tribalismo e, em vez disso, simplesmente sensibilizar nossos corações para reconhecer a humanidade delas. O mero fato de que elas são diferentes de nós ou estão agindo de forma confusa não significa que podemos desistir delas. Nós nunca temos de desistir de ninguém.

Perceber que as pessoas que nós consideramos como más ou vilãs podem se beneficiar da nossa compaixão é uma experiência profunda. Isso transmuta a situação de "eu contra você" para "todos nós estamos fazendo o melhor que podemos". Agora que já começamos a treinar a mente para reconhecer e soltar suas histórias ansiosas, podemos treinar o coração para incluir esses seres que geram ansiedade em nós. Nós podemos aplicar o que é chamado de As Quatro Incomensuráveis, que são formas de oferecer amor para que a nossa bodhichitta possa fluir de maneiras que talvez nós nunca tenhamos imaginado ser possíveis.

14. AS QUATRO INCOMENSURÁVEIS

A palavra 'amor' normalmente é definida como um substantivo, mas todos os mais perspicazes teóricos do amor admitem que todos amaríamos melhor se a usássemos como um verbo.

- BELL HOOKS (*ALL ABOUT LOVE*)

Embora eu tenha total consciência de que as "Quatro Incomensuráveis" parece ser o nome de uma banda dos anos 70 que abre os shows da Earth, Wind & Fire, na verdade esse termo se refere às quatro maneiras de expressar amor a partir do nosso coração/mente aberto e desperto – nossa bodhichitta. Nós sempre estamos pensando sobre o que "fazer" em relação à ansiedade, querendo consertá-la ou criar um plano para que ela vá embora. Na primeira seção do livro, o foco foi em como administrar essas histórias internas, agora nós vamos focar no amor de peito aberto como um antídoto para o estresse e a ansiedade – e mais especificamente para enxergar o amor como um verbo, algo que podemos fazer.

Quando direcionamos nossa atenção para o nosso coração aberto e amoroso, sentimos o quão vasto ele é. Tão vasto que, tendo ele como pano de fundo, talvez a ansiedade surja e se dissolva sem que nós precisemos fazer muita coisa a respeito. Quando focamos no amor, essas narrativas estressantes passam por nós como nuvens se movendo pelo céu azul: as nuvens vêm e vão, mas o céu permanece. O mesmo pode ser dito a respeito da nossa ansiedade, que surge e se dissolve ao longo do tempo, enquanto nossa bodhichitta está sempre disponível e aguardando ser redescoberta.

Na tradição budista, esse momento de acordar para o amor é considerado algo bem bonito – e o próprio Buda falou sobre *brahma-viharas*. "Vihara" pode ser traduzido do sânscrito como "morada" (e às vezes tem sido traduzido como "atitude"), enquanto "brahma" pode ser vertido como "divino" ou "sublime". Em geral, a ideia de *brahma-viharas* é traduzida como as "quatro incomensuráveis" ou "quatro qualidades ilimitadas", embora "atitudes sublimes" talvez possa ser uma tradução mais direta. São quatro maneiras de oferecer amor a nós mesmos e aos outros de forma incondicional, especialmente em meio a circunstâncias estressantes.

Quando enxergamos o nosso mundo através da lente de um coração aberto, essas quatro qualidades se manifestam naturalmente como as ações que podemos fazer. Começamos a perceber que estamos menos presos à ansiedade de cada dia e mais disponíveis para ajudar as pessoas ao nosso redor. Ao longo dos próximos capítulos, eu vou explorar essas quali-

dades em profundidade, começando com *maitri* (bondade amorosa). Este termo, *maitri*, pode ser traduzido como "amabilidade" ou "benevolência", mas minha tradução preferida é "amabilidade gentil". No fundo, o que estamos dizendo é que a raiz do amor é a amizade. É algo que se faz – é um verbo e não um substantivo, como aponta bell hooks na citação que abre este capítulo. Nós temos de aprender a agir com gentileza em relação aos outros e a nós mesmos, a fim de deixar a ansiedade ir embora e permitir que o nosso amor flua livremente.

15. DEIXANDO O AMOR FLUIR

Manter o coração amoroso, mesmo que apenas por um piscar de olhos, torna a pessoa um ser verdadeiramente espiritual.

- SHARON SALZBERG (LOVING-KINDNESS: THE REVOLUTIONARY ART OF HAPPINESS)

Em uma história que remonta aos tempos do Buda, um grupo de monges estava querendo um conselho dele sobre onde deveriam meditar. Ele usou seus poderes de sabedoria (é exatamente assim que as pessoas falam disso, eu não estou nem brincando!) e disse: "Sabe para onde vocês deveriam ir? Esse lugar que fica aos pés dos Himalaias". Então eles partiram para passar quatro meses, em meio à temporada de chuvas, no que parecia ser um lugar ideal. Dizem que a terra "parecia com um brilhante cristal de quartzo azul: enfeitada com uma espessa floresta verdejante e fresca e com um trecho

do solo coberto de areia...". O pacote incluía filantropos que iriam fornecer comida e cuidar deles. O que mais os monges poderiam querer? A iluminação completa parecia ser algo garantido. Cada um deles montou seu espaço de prática debaixo de uma das árvores.

A única coisa que os monges não previram foram as deidades que viviam nessas tais árvores. (Você pode escolher se acredita ou não que esses seres eram reais – e eu fico zero ofendido se você não acreditar.) Essas deidades inicialmente aceitaram a presença dos monges lá, mas, quando notaram que os humanos não iam embora, perceberam que seu lar tinha sido invadido.

Então, as três deidades começaram a pregar peças nos monges, fazendo sons de gritos terríveis e criando cheiros realmente horrorosos, a ponto de os monges ficarem com medo demais para meditar e irem embora. Eles voltaram ao Buda, que, em sua sabedoria infinita, escaneou a Índia inteira com a própria mente e falou, tipo: "Na boa, aquele é mesmo o melhor lugar para vocês aprofundarem a prática – o lugar assustador". Ele mandou os monges de volta para a tal terra com um ensinamento conhecido como o Karaniya Metta Sutta, às vezes chamado de Discurso da Bondade Amorosa.

Em vez de falar para seus discípulos trucidarem as deidades arbóreas nativas ou irem meditar em outro lugar, o Buda deu um ensinamento valioso: vá para o lugar que te assusta e aguente firme. Se você for humilde, gentil e desejar genuinamente que os outros tenham felicidade e tranquilidade, você pode utilizar essas circunstâncias difíceis e que geram ansiedade como o trajeto mais rápido para o seu próprio despertar.

Eu quero enfatizar especificamente esta frase do ensinamento do Buda:

Tal qual uma mãe, colocando em risco a própria vida,
ama e protege o seu filho, o seu único filho,
da mesma forma, abraçando todos os seres,
cultive um coração sem limites.

O Buda não enviou esses monges para fingirem ser legais com os seres que estavam criando complicações para eles. Ele disse que os monges deveriam apreciar tais seres da mesma forma que uma mãe protegeria seu único bebê. *Uau*. Pelo fato de a prática da bondade amorosa ser bem centrada no coração, às vezes ela é considerada meio "coisa de *hippie*". Mas, quando nós prestamos atenção às palavras do Buda, vemos que é uma prática bem intensa – é sobre amar todos os seres com o mesmo carinho inquebrantável de um pai ou mãe protegendo seu único bebê.

O que será que aconteceu quando os monges voltaram àquela terra, com o coração aberto? As deidades foram conquistadas por esses sentimentos calorosos e, depois de darem as boas-vindas a eles, começaram a protegê-los. Dois lados que antes se enxergavam como inimigos se tornaram aliados e começaram a se respeitar, tudo graças à transformadora prática da bondade amorosa. Esses monges, exatamente como o Buda havia prometido, despertaram de maneira suprema sua própria mente e seu próprio coração, ajudando muitos seres.

A moral dessa história vai além de acreditar ou não nas deidades das árvores. Nesse tipo de narrativa, nós podemos

pensar nos demônios e deidades como seres de verdade ou simplesmente como os desafios que temos dentro de nós. Todos temos demônios internos que às vezes acabam dando gritos horríveis quando nos sentamos para meditar – embora esse grito possa ser especificamente "Você não vale nada e ninguém nunca vai te amar!" ou "Todo mundo sabe daquela coisa que te envergonha!". A prática da bondade amorosa começa quando oferecemos amor a nós mesmos (incluindo nossos demônios internos) e, em seguida, ela nos abre para oferecer amor aos outros. Como essa história ilustra, a raiz do amor por si e pelos outros é a amizade. Você precisa fazer amizade consigo antes de poder amar os outros de forma plena e genuína.

BACANA... MAS O QUE É ESSA BONDADE AMOROSA E COMO ELA VAI ME AJUDAR COM A ANSIEDADE?

Antes de entrarmos na prática em si, vamos falar sobre como ela vai te ajudar a sair de um lugar de ansiedade e chegar a um lugar de abertura e amor. Desde que o Buda proferiu seu sermão, há dois mil e seiscentos anos, a prática da bondade amorosa vem sendo ensinada de várias formas por professores espirituais. Mas o propósito da prática, não importa quem está ensinando ou de que forma ela está sendo ensinada, é cultivar e habitar o amor que já existe dentro de você.

Em inglês (que é o meu idioma nativo), a palavra "amor" é meio complicada, porque significa que eu só tenho uma palavra para expressar como eu me sinto em relação à mulher com quem eu espero passar o resto da minha vida e em relação à comida mexicana: eu amo as duas coisas. No sânscrito existem noventa e seis palavras para "amor", no persa são oitenta. Eu poderia ficar o dia inteiro citando o excelente livro da bell hooks sobre esse tópico, chamado *Tudo sobre o amor*, mas basta dizer que na prática da bondade amorosa nós estamos buscando uma experiência palpável de amar de forma livre e dinâmica. Ao término de uma sessão, pode ser que todas as imagens e frases com aspirações simplesmente desapareçam e você tenha apenas uma sensação de abertura e amor, e *bum*! É isso – e, de bônus, nesse momento de total abertura não existe ansiedade.

A forma como muitas pessoas ocidentais atualmente praticam a bondade amorosa surgiu no século V. Um professor indiano do budismo Theravada, chamado Acariya Buddhaghosa, recebeu o Karaniya Metta Sutta de anciões, que tinham recebido de anciões, que tinham recebido de anciões... até chegar à época em que os ensinamentos haviam sido originalmente proferidos. Ele, então, sistematizou esses ensinamentos do Buda na estrutura da prática formal que atualmente costumamos chamar de bondade amorosa.

Conforme essa prática foi migrando da Índia para novos territórios, a progressão dos passos e os termos específicos utilizados foram mudando – é tipo um jogo multimilenar de telefone-sem-fio. Mas, a partir das palavras do Buda, a mensagem original é clara: nós direcionamos aspirações de bem-estar para todo tipo de pessoas, inclusive nós mesmos.

No próximo capítulo, nós vamos fazer essa prática juntos, mas eu já vou avisando: depois de milhares de anos de pessoas praticando isso ao redor do mundo, ela chegou até nós ocidentais – e somos nós que dizemos: "Puxa, na verdade essa prá-

tica é bem difícil". Eu tenho várias teorias sobre como a nossa cultura capitalista nos molda para querer ser melhor do que quem nós realmente somos, mas por enquanto basta dizer: "Eu entendo. Talvez você nunca tenha tido nenhum tipo de orientação sobre se amar e se aceitar de forma incondicional". Ainda assim, eu te encorajo a tentar fazer essa prática começando com uma contemplação sobre si.

Como aquecimento, você pode fazer uma prática de bondade amorosa em tempo real, conforme vai seguindo seu dia. Uma das minhas mentoras, Sharon Salzberg, uma vez falou sobre como é possível oferecer bondade amorosa para si mesmo como um antídoto para a ansiedade. Você começa repetindo: "Que eu possa estar livre do perigo. Que eu possa ter força e saúde. Que eu possa ser feliz. Que eu possa viver uma vida cheia de tranquilidade", antes de seguir adiante e estender esses mesmos desejos para as pessoas que você ama e, depois, para o mundo como um todo. O processo inteiro pode ser feito em poucos minutos. Ela disse o seguinte: "Quando você pronuncia esses desejos com sinceridade, todos os elementos da prática são um alívio. As frases canalizam a energia [da ansiedade], em vez de permitir que ela se prolifere. Quando você faz isso, você retoma o comando e é possível sentir o seu corpo relaxando conforme o espaço ao redor da ansiedade se abre e se libera".

Na prática formal da meditação de bondade amorosa, nós começamos conosco, mas em seguida contemplamos as pessoas para as quais nós temos facilidade de abrir o nosso coração. Em algumas tradições podemos começar com um mentor ou um benfeitor financeiro e, depois, seguir para um amigo ou amiga próxima. Eu estudei com professores que, percebendo que talvez nós não tivéssemos um benfeitor pagando nossa moradia e alimentação, juntavam essas duas categorias e falavam "uma pessoa de quem você gosta muito". Depois disso, a sequência é bem simples: contemplamos alguém que não conhecemos muito bem, em seguida pensamos em uma pessoa difícil, depois temos a chance de quebrar todas as barreiras ao pensar em todo mundo que contemplamos até então (você, a pessoa amada, a pessoa "nem te conheço" e esse último babaca) e, por fim, irradiamos amor para todos os seres.

PESSOAS DE QUEM GOSTAMOS

Eu imagino que existam algumas pessoas na sua vida de quem você goste, então isso não é um conceito estranho. São os membros da sua família, seus amigos, pessoas que você namora ou com quem você tem parcerias de longo prazo e até mesmo animais de estimação. Pois é, nós não precisamos limitar a prática de bondade amorosa exclusivamente a pessoas. Se os seus familiares estão te irritando, você pode pensar no cãozinho de vocês. Recentemente eu descobri que a minha esposa (que é a pessoa em quem eu normalmente penso nessa parte da prática) não pensa em mim, mas sim no nosso cachorro. A ideia de trazer à mente alguém de quem você realmente goste, logo no início da prática, é aquecer bem o seu coração – é mais fácil pensar na sua avó que sempre te dava bolo de chocolate (e oferecer amor a ela) do que naquela pessoa babaca do trabalho. Ainda que a lista acima não esteja completa, a ideia é

que são pessoas que foram realmente gentis com você e te apoiaram no passado.

PESSOAS DE QUEM NÃO GOSTAMOS

Na nossa sociedade atual, é fácil entrar em polarizações do tipo "as pessoas que pensam como eu, em termos de política, são bondosas – e o outro lado só tem monstros". É difícil levar em consideração a humanidade dessas pessoas que normalmente nós demonizamos. Talvez você realmente não goste de quem está na presidência ou dos assessores dessa pessoa, dos parlamentares da sua cidade ou do mais novo cara que decidiu comprar uma arma e usá-la contra inocentes. Eu entendo. Mas a prática da bondade amorosa nos pede para não descartar essas pessoas de imediato e, em vez disso, considerar a humanidade delas.

PESSOAS QUE NÃO CONHECEMOS

Dependendo de quem você é, provavelmente existe um pequeno grupo de pessoas de quem você gosta e outro pequeno grupo de pessoas de quem você não gosta. Mas, para além disso, existe um grupo gigantesco mundo afora que poderíamos chamar de "Quem?". São as pessoas que nós não conhecemos: os vizinhos no fim do corredor, os refugiados sendo arrancados de seus familiares na fronteira de algum país, a pessoa que sentou ao seu lado no metrô, o pedreiro fazendo aquela barulheira, pessoas que sobreviveram a um terremoto em um país que você nunca visitou, uma celebridade na capa de alguma revista... São tantas pessoas nessa categoria – e todas elas estão sofrendo em maior ou menor intensidade. Simplesmente contemplando alguém de quem gostamos, não gostamos ou nem conhecemos, e praticando a bondade amorosa em relação a essa pessoa, nós podemos sair desse estado de ansiedade e chegar a um lugar de abertura.

AS FRASES

Quando eu comecei a praticar o budismo tibetano, me ensinaram alguma variação da frase "Que você possa desfrutar da felicidade e estar livre do sofrimento" para usar nessa meditação. Talvez você ame essa frase – se esse for o caso, pode usá-la. Mas para mim ela não bateu.

Anos depois, quando eu comecei a estudar com professores do budismo Theravada e da Insight Meditation Society, eu ouvi frases como: "Que você possa ser feliz", "Que você possa ter saúde", "Que você possa se sentir em segurança" e "Que você possa viver com tranquilidade". Essas realmente brilharam para mim.

Outras variações, como "Que você possa se sentir em paz" ou (minha favorita) "Que você possa se sentir uma pessoa amada", realmente bateram fundo em mim. Para falar a verdade, eu não lembro se ouvi essa última pela primeira vez de alguma outra pessoa ou se foi uma aspiração que surgiu da minha própria prática – e tudo bem. Reiterando: a ideia aqui não é desejar coisas específicas para as pessoas, tipo "Que você possa ganhar um carro novo", mas sim desejar que elas estejam bem e enviar amor para elas. Qualquer frase que soe bem para você é uma boa frase para usar. Aqui vão outras opções:

Que eu possa ser livre.

Que eu possa estar bem.

Que eu possa ter inspiração.

Que eu possa estar livre do medo.

Que eu possa despertar.

Que eu possa sentir alegria.

Que eu possa me curar.

Que eu possa me libertar.

Como dá para perceber, a questão aqui é desejar uma atitude de boa vontade. Nós podemos desejar o nosso bem e o bem das outras pessoas, mas a ressalva é que a felicidade é algo que, em última instância, cada um de nós vai ter que descobrir por si. Nós não nos tornamos responsáveis pela felicidade da pessoa apenas por desejar que ela se sinta feliz.

Saber que não podemos ser responsáveis pela felicidade dos outros pode ser algo muito triste. Eu me lembro de uma vez em que conduzi uma prática de bondade amorosa em uma organização de assistência a pessoas em situação de rua. Em torno de dez jovens queer, com idades que variavam entre dezesseis e vinte e dois anos, se sentaram em círculo e, depois que eu terminei de conduzir a prática, uma pessoa levantou a mão e disse: "Eu não tenho uma pergunta, mas eu passo grande parte do tempo desejando a minha própria segurança nos abrigos". Ela seguiu, dizendo que às vezes se esquecia de que várias outras pessoas no recinto também faziam a mesma coisa. Depois que o encontro terminou, eu fui conversar com essa pessoa, que disse ter se sentido menos sozinha graças a essa prática. Eu mantive uma expressão de encorajamento, mas por dentro meu coração estava dilacerado por ela. Existem tantas pessoas mundo afora que levam uma vida diferente da que nós estamos acostumados, mas todos estamos juntos no desejo de ter essas coisas básicas.

OS BENEFÍCIOS

A esta altura, os benefícios da prática de bondade amorosa já podem estar bem visíveis: nós nos tornamos indivíduos com o coração mais aberto e vivemos uma vida marcada não pela ansiedade ou pelo medo, mas pelo amor. Essa é a diferença mais transformadora que eu senti. Ainda assim, existe uma lista tradicional que o Buda apresentou no Discurso dos Benefícios da Bondade Amorosa (Metta Nisamsa Sutta). Diz-se que, se você fizer essa prática:

- *Você vai dormir e acordar com mais facilidade, além de ter sonhos agradáveis.* Parece bom, né?
- *As pessoas vão te amar.* Como a minha saudosa vovó costumava dizer: "E por que não?" Por que as pessoas não te amariam, se em contrapartida você está cultivando o amor de forma ativa?

- *Devas [seres espirituais] e animais vão te amar e devas vão te proteger.* Talvez você não curta muito a ideia de seres invisíveis – eu te entendo. Mas quem não quer ser aquela pessoa, no meio da festa, em quem o cachorro da casa gruda?

- *Perigos externos não vão te ferir.* Embora a tradução seja exatamente essa, depois de praticar, por favor, não saia correndo pela rua e se jogue no meio do trânsito.

- *Seu rosto vai ficar radiante.* Pense só no dinheiro que você vai economizar em produtos de beleza. (Brincadeirinha!)

- *Sua mente vai ficar serena, você vai morrer livre de confusão e renascer em reinos felizes.* Aqui está o elemento mais importante: nós vamos internalizar a paz e vivê-la ao longo da nossa vida. Se você acredita em renascimento, isso também assegura que o seu vai ser favorável – e, se não acredita, pelo menos você vai ter vivido uma vida com propósito.

No próximo capítulo, eu vou te oferecer, passo a passo, a instrução completa sobre como praticar a bondade amorosa para que você possa começar a despertar o seu coração para as pessoas de quem você gosta, de quem você não gosta e para os muitos seres que você ainda não conhece.[3]

---

3 Você pode ouvir uma gravação dessa meditação em www.lucidaletra.com.br/pages/ansiedade.

16. INTRODUÇÃO À MEDITAÇÃO DE BONDADE AMOROSA

Talvez tudo que é terrível seja, em seu nível mais profundo, algo que precisa do nosso amor.

- Rainer Marie Rilke

Comece adotando a postura de meditação mencionada nas instruções de shamatha – ereta, porém relaxada. Separe três a cinco minutos para assentar a sua mente através da prática da atenção plena à respiração.

Agora traga à mente uma imagem de si. Pode ser da última vez em que você se viu em um espelho, você com a sua roupa favorita ou, caso ache que talvez seja difícil se oferecer bondade amorosa, você quando criança – com uns sete ou oito anos de idade. Faça isso de uma forma visceral, como se

você estivesse em uma mesa frente a frente consigo. Mantendo essa imagem na mente, repita as seguintes frases de aspiração, fazendo uma pequena pausa depois de cada uma delas para realmente sentir a intenção:

Que eu possa ser feliz.

Que eu possa ter saúde.

Que eu possa sentir segurança.

Que eu possa me sentir uma pessoa amada.

Pode ser que, ao longo do caminho, surja uma sensação palpável de como seria vivenciar alguma dessas coisas – não tem problema algum. Simplesmente reconheça isso e siga para a próxima frase. Se surgirem aquelas histórias do tipo "Ah, eu sentiria mais segurança se minha chefe não fosse tão exigente", apenas reconheça esse pensamento e siga para a próxima frase. Repita essa série de frases por três vezes. Depois deixe que a imagem se dissolva. Respire.

Agora traga à mente a imagem de alguém que você realmente ama e admira. Pode ser alguém da sua família ou de um relacionamento amoroso, uma pessoa com quem você tem uma grande amizade ou que foi sua mentora. Também faça com que essa imagem seja visceral – você pode pensar no estilo de cabelo dessa pessoa, na forma como ela sorri ou no jeito dela de se vestir. Quando a imagem estiver vívida, deixe seu coração se sensibilizar. Depois, mantendo a imagem na sua mente, repita essas frases de aspiração, fazendo uma pequena pausa após cada uma para realmente sentir a intenção:

Que você possa ser feliz.

Que você possa ter saúde.

Que você possa sentir segurança.

Que você possa se sentir uma pessoa amada.

Caso você prefira usar o nome da pessoa ("Que o Tom possa ser feliz" ou "Que a Diana possa ser feliz"), tudo bem. Assim como da última vez, pode ser que surjam certos conteúdos internos – apenas continue com a prática. Repita essa série de frases por três vezes. Depois deixe que a imagem se dissolva. Respire.

Agora traga à mente a imagem de alguém que você não conhece muito bem. Talvez seja alguém que você vê todo dia de manhã no trajeto para o trabalho, uma pessoa que mora no seu bairro ou alguém que você viu no noticiário. Você pode se lembrar do momento em que viu essa pessoa e em como era a aparência dela nesse dia. Essa pessoa, assim como a que nós conhecemos bem, também merece ter tais qualidades básicas na própria vida. Leve em consideração, por um momento, a humanidade dela e ofereça essas mesmas aspirações:

Que você possa ser feliz.

Que você possa ter saúde.

Que você possa sentir segurança.

Que você possa se sentir uma pessoa amada.

Repita essa série de frases por três vezes. Depois deixe que a imagem se dissolva. Respire.

Agora traga à mente a imagem de alguém com quem você está tendo alguma dificuldade atualmente. Neste momento, a ideia não é pensar na pessoa mais difícil da sua vida ou alguém

que tenha te causado uma dor profunda, mas sim em alguém com quem você esteja batendo de frente hoje em dia. O que pode ajudar é imaginar essa pessoa sentada em uma postura relaxada, com um leve sorriso no rosto (ou seja, sem estar na ofensiva). Ainda que estejamos passando por um momento difícil com essa pessoa, não podemos nos esquecer de que ela está sofrendo. Na verdade, se ela não estivesse sofrendo tanto, provavelmente nós não teríamos esse conflito. Leve em consideração, por um momento, a humanidade dela e ofereça, na medida do possível, estas mesmas aspirações:

Que você possa ser feliz.

Que você possa ter saúde.

Que você possa sentir segurança.

Que você possa se sentir uma pessoa amada.

Repita essa série de frases por três vezes. Depois deixe que a imagem se dissolva. Respire.

Agora traga à mente todos os seres que você imaginou até agora: você, a pessoa amada, a pessoa que você não conhece muito bem e a pessoa difícil. Elas podem estar flutuando no espaço ou situadas em uma sala imaginária – você decide. A esta altura, nós estamos dissolvendo as fronteiras de opinião ao redor delas. Não é algo do tipo "Eu gosto de você" e "Não gosto de você", ou "Eu contra você" – é "Nós". Mantendo esse grupo de seres na sua mente, ofereça estas aspirações:

Que nós possamos ser felizes.

Que nós possamos ter saúde.

Que nós possamos sentir segurança.

Que nós possamos nos sentir pessoas amadas.

Repita essa série de frases por três vezes. Depois deixe que a imagem se dissolva. Respire.

Agora comece a permitir que o seu amor irradie através de todos os poros do seu corpo. Imagine as pessoas que vivem no seu quarteirão ou na sua cidade. Ofereça essas frases a elas. Expanda seu alcance para imaginar as pessoas que vivem no seu estado. Ofereça essas frases a elas. No seu tempo, continue a ampliar essa perspectiva para abranger o seu país e ainda mais além. Faça a aspiração:

Que todos os seres possam ser felizes.

Que todos os seres possam ter saúde.

Que todos os seres possam sentir segurança.

Que todos os seres possam se sentir amados.

Deixe que as palavras e imagens desvaneçam. Perceba como você está se sentindo – talvez haja uma sensação de abertura, apreciação ou amor. Apenas perceba o que quer que você esteja sentindo. Permita-se permanecer nesse espaço.

17. CONSTRUINDO UMA SOCIEDADE COMPASSIVA

Alan: Promete que eu vou ser feliz.
Nadia: Eu não posso te prometer isso.
Posso prometer que você não vai estar só.

- BONECA RUSSA (SÉRIE DE TV)

Quando eu me vejo perdido em meio à ansiedade, penso em quantas oportunidades simultâneas eu estou tendo de treinar a compaixão. Para falar a verdade, no momento em que escrevo estas palavras, eu estou sendo bombardeado com o barulho de obras acontecendo do lado de fora. O grito intermitente da lâmina de serra me atinge em cheio e, a cada vez, meus ombros sobem até as minhas orelhas. Ainda assim, eu tenho uma escolha: eu posso me incomodar com esses seres que estão "arruinando" meu raro momento de escrever ou posso levar em consideração que os homens e mulheres lá fora estão apenas fazendo seu trabalho – e sentir compaixão por eles.

Esses trabalhadores possuem famílias, pessoas que eles amam e que os amam de volta, assim como eu. Eles têm problemas financeiros e se preocupam em segurar as pontas, assim como eu. Eles têm ansiedade e estresses profissionais e várias outras coisas que talvez eu nunca saiba, mas posso presumir que eles querem ser felizes, ter saúde, sentir segurança e se sentir amados – assim como eu. O simples fato de imaginar – por alguns minutos espalhados ao longo do dia – essas pessoas que eu não necessariamente conheço faz com que eu as humanize, me tira de um lugar de ansiedade e me traz uma sensação de compaixão e de profunda conexão com quem está ao meu redor.

Compaixão, a segunda das Quatro Incomensuráveis, significa simplesmente abrir nosso coração diante do sofrimento. Ao se deparar com situações estressantes, é muito útil entrar em contato com o seu coração e se abrir para uma possibilidade mais ampla de conexão. Digamos que você esteja caminhando pelo corredor do escritório, sufocando com o estresse dos prazos a cumprir. Como você vem praticando meditação, de repente você consegue perceber que está fazendo isso! Nesse momento você pode voltar para a sua ansiedade ou, então, levantar seu olhar e buscar por algo que te permita ter um instante de compaixão.

Como se vocês tivessem combinado, sua amiga e colega de trabalho aparece, claramente levando uma bronca do chefe dela. Em vez de voltar a se perder nos seus pensamentos, você pode oferecer uma frase de apoio, como "Que você possa estar livre da sua dor e da sua tristeza" ou "Que você possa encontrar paz" – pode ser apenas algo silencioso dentro da sua mente ou

então em um sussurro que só você consegue ouvir. Na mesma hora, em vez de sentir esgotamento, você sente uma conexão. É algo simples, mas surpreendentemente eficaz. Claro que você não precisa ficar o dia todo sussurrando frases de aspiração por aí. Algo tão pequeno quanto fazer uma pausa, longa o suficiente para permitir que o sofrimento dessa outra pessoa toque o seu coração, vai ajudar a te direcionar para atividades mais compassivas no longo prazo.

Se isso parece muito difícil, vamos começar oferecendo compaixão a nós mesmos.

COMPAIXÃO POR SI

Quando você medita, você percebe que não é um problema olhar diretamente para si e se familiarizar com quem você é – e que está tudo bem com quem você é neste exato momento. Sim, às vezes quando você olha diretamente para si há uma experiência de dor ou de confusão. Eu não vou negar isso. Ainda assim, é como a professora angel Kyodo williams Sensei escreveu: "A questão em relação à nossa dor e ao nosso sofrimento é que, até irmos ao encontro deles e vê-los pelo que são, eles não vão a lugar nenhum". Quando nós nos movemos na direção de olhar para a nossa dor, começamos a nos curar e a nos aceitar integralmente. Uma forma de fazer esse trabalho interno vem do monge zen Thich Nhat Hanh: podemos simplesmente parar, seja durante a nossa meditação ou em algum momento em que nos sentimos especialmente presos à ansiedade, e dizer: "Que eu possa aprender a me olhar com os olhos da compreensão e da compaixão".

O fato de você talvez se considerar um ser humano caótico não significa que você precisa de conserto. Você apenas precisa se olhar com os olhos da compreensão e da compaixão. Você não precisa de algo externo para se tornar mais amável – você é inerentemente amável do jeito que você é. Você só precisa descobrir essa simples verdade. Quando estivermos nos estapeando mentalmente, podemos repetir as palavras de Thich Nhat Hanh, que são uma forma legal de dizer: "Eu te vejo, pessoa querida. Você está sofrendo". Nós podemos estar presentes com o nosso sofrimento sem ter a pressão de precisarmos nos consertar. Podemos saber que vai passar e, enquanto não passa, ficar presentes com isso.

Quanto mais praticamos olhar para o âmago de quem somos, a nossa bondade básica, mais iremos cultivar resiliência e criatividade para sermos capazes de oferecer compaixão aos outros. É como o Dalai Lama disse, certa vez: "Se você não tem a capacidade de se amar, simplesmente não existe uma base a partir da qual construir um senso de cuidado em relação aos outros".

COMPAIXÃO PELOS OUTROS

No início do capítulo, eu citei um momento comovente da série *Boneca Russa*, da Netflix. Alan, um dos protagonistas, está no terraço de um edifício, pronto para pular rumo à própria morte. Desesperançado, ele se vira para a nossa heroína, Nádia, e exige: "Promete que eu vou ser feliz". Com uma honestidade brutal, ela responde: "Eu não posso te prometer isso. Posso prometer que você não vai estar só". A ideia da compaixão é começarmos a vislumbrar a humanidade e o sofrimento das pessoas ao nosso redor e isso fazer o nosso coração naturalmente florescer, gerando uma empatia com a dor delas. Talvez nós não sejamos capazes de imediatamente resolver suas dificuldades, mas podemos estar presentes com o coração aberto para elas. Nos dias de hoje, em que muitos de nós sentimos desesperança e solidão, ser capaz de testemunhar a dor de outra pessoa é uma verdadeira dádiva de apoio.

Ao longo deste livro eu venho usando um termo específico ("prática de meditação"), que é exatamente um reconhecimento disso: quando você se senta e se sintoniza com uma sensação de presença e gentileza, você está praticando a capacidade de oferecer atenção e compaixão para o restante da sua vida. O mestre zen Thich Nhat Hanh uma vez disse o seguinte: "Para amar alguém é preciso estar cem por cento presente com essa pessoa. O mantra 'Eu estou aqui com você' significa que eu me preocupo com você, que eu aprecio estar na sua companhia. Ele ajuda a outra pessoa a se sentir apoiada e feliz".

Quando você está presente de forma aberta para o sofrimento de outra pessoa, junto da compaixão surge a ação hábil. Graças à sua prática de meditação constante, você consegue estar em contato com a realidade a ponto de enxergar a melhor forma de ajudar as pessoas ao redor.

Quando eu tinha vinte e poucos anos, fundei uma organização sem fins lucrativos chamada Institute for Compassionate Leadership, que unia princípios de meditação, habilidades de organização comunitária e conhecimentos práticos de liderança em um treinamento de seis meses capaz de produzir, no mundo ao nosso redor, líderes com a mente mais atenta e o coração mais aberto.

O princípio fundamental era bem simples e direto: qualquer um pode ser líder. Liderar não é apenas ser "chefe" ou "sustentar uma família" – qualquer pessoa que, ao ser convocada para estar à altura de uma certa situação e servir, faz isso, está liderando. Esse conceito leva à noção de que você pode servir como líder, por exemplo, quando estiver subindo uma escada e se deparar com uma mulher tentando dar conta da criança e do carrinho de bebê. Nesse momento, você pode se oferecer para ajudá-los a subir as escadas. Isso significa que você pode servir como líder, por exemplo, quando alguém no trabalho estiver com dificuldade de cumprir um prazo e você colaborar para garantir que tudo seja entregue. Também pode ser quando você vê alguém jogando lixo na rua e decide pegar para colocar na lata de lixo.

Nenhum desses exemplos de liderança são particularmente especiais. Ninguém vai te dar um aumento ou escrever um artigo de jornal sobre as suas qualidades por causa deles. Mas, naquele momento, você está se disponibilizando para a situação de uma forma que direciona a nossa sociedade no caminho certo e, portanto, servindo como o tipo de líder de que este mundo precisa.

Minha definição de liderança compassiva inclui qualquer pessoa que se coloca à altura de alguma situação específica, desde que esteja sendo movida pela aspiração de beneficiar as pessoas com as quais está lidando. Como estamos treinando para estar mais presentes, podemos ver o que as outras pessoas precisam de nós. A ideia não é forçar pessoas de quem temos pena a aceitar nossas ideias fixas sobre como podemos ajudar, mas sim nos disponibilizar para a situação junto a elas, lado a lado, e perguntar: "Como eu posso ajudar?" Dessa forma, chegamos à liderança a partir de um lugar de empatia, sabendo que as outras pessoas estão sofrendo de uma forma fundamentalmente semelhante à nossa e reconhecendo o que compartilhamos em termos de experiência e humanidade.

COMPAIXÃO PELA SOCIEDADE

Enquanto eu escrevo estas palavras, o mundo inteiro está passando por um momento de muito medo e pânico. Um vírus vem varrendo o planeta e matando milhões de pessoas, nossas economias se encontram instáveis, temos várias situações de emergência e a mídia continua encontrando novas maneiras de enfatizar a violência e a frustração dessa pandemia. Alguns meses atrás, a maior preocupação de muitos dos meus conhecidos era a grande polarização política no país e os profundos e recorrentes desastres ecológicos. Daqui a alguns meses, quem sabe o que vai ser?

Como já vimos nos capítulos anteriores, a sociedade pode parecer uma coisa enorme "lá fora", mas na verdade ela está sendo constantemente cocriada por nós e pelas pessoas ao nosso redor. O grande nível de ansiedade existente em uma sociedade começa a partir de pessoas como eu e você fazendo (ou não) o nosso trabalho interno com a mente.

Em sânscrito existe o seguinte termo: *bodhisattva*. Como você já sabe, *bodhi* pode ser traduzido como "aberto" ou "desperto" e *sattva* pode significar "ser" ou "guerreiro" – que neste caso não é alguém que vive lutando com os outros, mas sim uma pessoa que está disposta a entrar em guerra com a sua própria neurose, no intuito de despertar para beneficiar os seres ao redor.

Todo mundo deveria buscar ser um bodhisattva, um guerreiro da compaixão de coração aberto. Como a monja budista Pema Chödrön disse uma vez: "O mundo precisa de pessoas que tenham treinado dessa forma – políticos bodhisattvas, policiais bodhisattvas, pais e mães bodhisattvas, motoristas de ônibus bodhisattvas, bodhisattvas no banco e no mercado. Nós somos necessários em todas as esferas da sociedade, para transformar nossa mente e nossas ações em prol das outras pessoas e do futuro do mundo".

Não é pouca coisa pedir que você abra o seu coração para incluir a dor e o sofrimento do mundo ao redor. Quando eu me sinto desanimado ao pensar em qual seria a melhor forma de me disponibilizar para ajudar a sociedade, eu penso em outra coisa que supostamente foi dita por Chögyam Trungpa Rinpoche quando lhe perguntaram sobre a complexa noção de carma: "Tudo é predeterminado... exceto daqui para a frente". Em outras palavras, nós temos nossa velha forma habitual (e às vezes negativa) de fazer as coisas – e isso alimentou a forma habitual de a sociedade caminhar até este ponto, o que nos trouxe aonde estamos agora.

Mas nós também temos o presente. Agora, neste exato momento, você tem uma escolha. Você pode se esconder e ser uma pessoa autocentrada, continuando a perpetuar seus velhos hábitos ansiosos e torcendo para que o mundo se conserte

sozinho. (Não vai rolar.) Por outro lado, você pode tentar fazer algo novo: agora mesmo, neste instante, você pode se disponibilizar de forma compassiva para as pessoas na sua vida, nas suas microssociedades, e observar como isso pode afetar a dinâmica dessas comunidades. Quanto mais você alimentar essas sociedades com a sua atenção e a sua compaixão (seja no trabalho, na família, nos relacionamentos, na academia ou em qualquer outro nível), mais esses princípios vão naturalmente gerar um efeito cascata e afetar a sociedade como um todo.

Uma coisa eu preciso reconhecer: a liderança compassiva não age sozinha. Você pode pedir ajuda aos outros. Você pode começar um diálogo compassivo com as pessoas da sua vida, tanto as que você gosta quanto as de que você não gosta (e até mesmo as de que você ainda não conhece), convidando-as para fazer parte da conversa – especialmente o tipo de conversa que vocês normalmente não teriam. Caso você precise de ajuda, é só pedir. Caso elas te peçam ajuda, ofereça o seu melhor.

A beleza de ter começado a praticar meditação é que você é capaz de apreciar a potência do agora: no momento presente, qualquer coisa é possível. Você pode se disponibilizar para quem quer que esteja diante de você e utilizar a sua atenção plena para realmente enxergar como ajudar. Claro que existe muita incerteza mundo afora, mas isso não te dá o direito de virar as costas para as outras pessoas. Você é capaz de reconhecer a bondade básica de todo mundo que encontrar e de oferecer um coração aberto e sem apego.

18. TROCANDO DE LUGAR COM OS OUTROS

Existe um lugar onde não há distinção entre dar e receber amor – onde você, eu e nós nos mesclamos. Esse lugar é alcançado quando você para de imaginar que amor é um sentimento e começa a pensar nele como sendo um gesto ou uma postura da sua mente.

- SUSAN PIVER *(THE FOUR NOBLE TRUTHS OF LOVE)*

Outro acessório que podemos acrescentar à nossa caixa de ferramentas para lidar com a ansiedade é a prática de *tonglen* – uma palavra tibetana que pode ser traduzida como "enviar e receber". Nela, nós aprendemos a levar em consideração as outras pessoas e as coisas pelas quais elas podem estar passando. Na inspiração, nós inalamos tudo aquilo que acreditamos ser doloroso ou desconfortável para os outros e depois expiramos, enviando a essas pessoas coisas agradáveis e reconfortantes. Se você for pai ou mãe, pode fazer essa prática quando estiver sentindo alguma ansiedade em relação a seu filho ou filha. Se você estiver em um relacionamento e a pessoa que você ama estiver sofrendo, você pode fazer essa prática em vez de ficar pirando de preocupação. Existem muitas oportunidades para fazer essa bela prática, que nos tira de um foco exclusivo na nossa própria dor e nos ajuda a abrir o coração para as pessoas ao nosso redor.

Nós começamos com os sentimentos palpáveis do nosso próprio sofrimento, em seguida pensamos em alguém que conhecemos, um relacionamento interpessoal, e por fim tornamos nossa prática ampla o suficiente para incluir todos os seres e o que quer que eles estejam passando em nível social.[4]

Comece fazendo sua prática de shamatha por cinco a dez minutos. Depois, eleve seu olhar para o horizonte. Relaxe a sua mente por um instante. Permita que haja um espaço sem precisar focar sua atenção em nenhum objeto. Apenas repouse.

Agora comece a não apenas notar a sua respiração, mas também a se permitir sentir as muitas texturas e surfar cada onda que vier. Conforme você inspira, imagine que está inalando um ar quente e pesado. Ao expirar, imagine que está exalando um ar leve e fresco. Continue com esse padrão, inspirando densidade e expirando leveza, até se familiarizar com isso. Você pode perceber a densidade como uma sensação de sofrimento e a leveza como uma sensação de bem-estar.

Você também pode ampliar a prática, imaginando que está respirando por todos os poros do seu corpo. Na inspiração, o

---

4 Você pode ouvir uma gravação dessa meditação guiada em www.lucidaletra.com. br/pages/ansiedade.

ar pesado e quente entra por cada poro. Na expiração, o frescor é exalado de cada poro.

Depois de ter praticado por alguns minutos com essa experiência de uma textura palpável, traga à sua mente uma pessoa amada que esteja passando por um momento difícil. Para fazer com que a imagem seja mais vívida, você pode imaginá-la com as roupas que costuma usar ou lembrar os detalhes do rosto dela.

Conforme você inspira, imagine que está inalando a dor dessa pessoa. Se você tem um amigo que está com câncer, por exemplo, você pode compreender como ele se sente fraco, claustrofóbico ou com raiva. Imagine que você está inspirando essas sensações. Claro que você não está literalmente absorvendo a doença ou a dor de ninguém – isso é só uma visualização. Porém, você está criando empatia com a experiência dessa pessoa.

Ao expirar, envie com a sua respiração uma sensação de calma, firmeza, alívio ou abertura para essa pessoa. Envie qualquer conforto que você possa oferecer nesse momento, conforme você exala. Para dentro: o medo, a confusão e a dor dela. Para fora: alegria, felicidade, segurança.

Depois de alguns minutos, vamos ainda mais além, estendendo a prática para abranger mais de uma pessoa. Traga à sua mente todas as pessoas que estejam passando por esse tipo de sofrimento. Caso seja uma pessoa transgênero que está sentindo solidão ou medo, você pode pensar em todas as pessoas transgênero que se sintam assim e, depois, em todos os seres que sintam solidão e medo. Caso seja alguém que recentemente perdeu uma pessoa amada e está passando por

um momento de luto e ansiedade, você pode pensar em todas as pessoas que tenham perdido uma pessoa amada e estejam sentindo as mesmas coisas. Você pode estender seu senso de tranquilidade e coragem para todas elas. Então você pode fazer com que essa prática irradie mundo afora para que, graças a ela, cada ser vivo sinta algum conforto.

Para concluir, retorne à sua prática de shamatha por alguns minutos. Volte a se assentar no corpo focando sua atenção na respiração e permitindo que isso te traga de volta à qualidade terrena do momento presente.

19. CULTIVANDO A ALEGRIA EMPÁTICA

Somos nós que criamos a maior parte do nosso sofrimento, portanto, logicamente, nós é que temos a capacidade de criar mais alegria.

- Sua Santidade, o Dalai Lama

Você quer sentir que é uma pessoa perdedora? Basta se comparar com os outros.

Pelo menos, foi isso que me ensinaram no início dos meus estudos budistas. No meu caso, minha professora estava tentando mostrar que, se eu me sentasse para meditar e ficasse comparando a minha experiência com o que eu imaginava ser a experiência dos outros, eu estaria redondamente enganado e iria acreditar que estava sendo um fracasso. Seguramente, o que eu pensava ser um grupo de pessoas repousando de forma pacífica na natureza de suas próprias

mentes, na verdade era um monte de gente ansiosa e inquieta com uma enxurrada de pensamentos passando pela cabeça – assim como eu. De alguma forma, saber que todos nós temos alguma dificuldade com a prática (e com a vida) me ajudou a não me sentir tão mal em relação à minha própria experiência.

Esse conselho sobre a mente comparativa pode ser aplicado a uma série de coisas. Frequentemente, quando nós nos comparamos com os outros, costumamos focar menos no que temos e perceber apenas as coisas que não temos – o que leva a uma ansiedade autoinduzida.

Sua carreira, por exemplo, pode estar indo bem – mas aí você começa a notar que todas as outras pessoas parecem estar em relacionamentos amorosos felizes. Basta seguir essa linha de pensamento por um minuto para começar a se estressar achando que você nunca vai se casar. Ou então você está em um casamento ótimo, mas quando visita os amigos sente um desânimo porque eles têm uma casa melhor do que a sua. Isso faz com que você passe o tempo todo ao lado deles pensando sobre como a sua vida financeira não está onde você gostaria. Ou então você tem uma situação de vida confortável, mas vê no Facebook uma foto de alguém na praia e, de repente, surge a ideia de que você trabalha demais e aproveita a vida menos do que todos os seus conhecidos. No momento em que você começa a focar exclusivamente no que não tem, você entra em uma espiral aparentemente infinita de estresse e desespero.

A mente comparativa pode atrapalhar o seu coração aberto. O mestre zen Thich Nhat Hanh usa a analogia de colocar um punhado de sal em um copo d'água – ao fazer isso, ela se torna impalatável. Mas se colocarmos um punhado de sal em um rio, as pessoas podem continuar a pegar sua água e saboreá-la – porque o rio é imenso. Da mesma forma, ele diz: "Quando nosso coração é pequeno, nossa compreensão e nossa compaixão são limitadas e nós sofremos... Mas quando nosso coração se expande, essas mesmas coisas não nos fazem mais sofrer".

Para fazer com que o nosso coração seja grande como um rio, podemos cultivar a terceira forma de amor: *mudita* – outra palavra em sânscrito, que geralmente é traduzida como "alegria empática" ou "alegria altruísta". Se compaixão significa abrir nosso coração diante do sofrimento que vemos nos outros, mudita significa abrir nosso coração diante da alegria alheia. Quando estivermos presos em nossos padrões de pensamentos negativos, podemos praticar a alegria empática simplesmente tirando o foco dos nossos fracassos e levando para uma forma de amor que reconhece e se regozija com a alegria das pessoas ao nosso redor.

MEDITAÇÃO PARA AUMENTAR A ALEGRIA EMPÁTICA

Se você perceber que está sendo vítima dessa mente comparativa, pare o que quer que esteja fazendo. Volte para a sensação do seu corpo. Faça três respirações profundas, inspirando pelo nariz e expirando pela boca. Perceba o peso do seu corpo sendo apoiado pela terra abaixo de você. Faça uma transição para estar presente com a experiência do ciclo natural da sua respiração.

Agora levante o seu olhar para a linha do horizonte. Caso haja outras pessoas por perto, olhe ao redor e reconheça a

presença delas, mesmo que talvez sejam completos desconhecidos. Caso você esteja só, traga à mente diversas pessoas da sua vida: as que você ama, as que você não conhece muito bem e, se quiser, até mesmo as com quem você tem alguma dificuldade. Veja se você consegue se alegrar com a felicidade de outra pessoa.

Talvez, neste momento, não seja recomendado direcionar sua atenção para alguma pessoa de quem você costuma sentir inveja. Em vez disso, talvez você repare em um casal de velhinhos sentados de mãos dadas no metrô, não muito longe de você, ou então nas crianças brincando pela rua. Se você tiver muita dificuldade com a mente comparativa e essas duas coisas te lembrarem que talvez você nunca encontre a pessoa certa ou tenha filhos, veja se você consegue encontrar ou imaginar um filhote de cão e perceba como ele é feliz. Simplesmente separe alguns minutos para notar a alegria dos seres ao redor.

Se você quiser, pode até trazer à mente certas pessoas da sua vida (amigas, familiares e pessoas amadas) que tenham algo para celebrar, como um novo emprego ou um bebê. Em ambos os casos, você pode repetir a afirmação "Que a sua felicidade e a sua boa sorte continuem" ou "Que a sua felicidade não diminua".

Quando achar que deve, volte a se conectar com as outras pessoas. Pode ser através de uma conversa ou ligação para perguntar sobre as boas novas, celebrar e engrandecer o sucesso delas. A ideia aqui é buscar formas de se alegrar com a felicidade dos outros, mesmo que sejam pequenos detalhes da vida da pessoa. Ao fazer isso, nós acabamos sentindo alegria – e elas se sentem apoiadas e amadas.

Quanto mais celebrarmos o sucesso dos outros, mais podemos nos inspirar a ter um novo olhar para o nosso próprio sucesso. Em vez de ficar ansiosamente esperando encontrar o lendário Príncipe Encantado (ou Princesa!), nós apreciamos o fato de ter um trabalho como o nosso. Em vez de morrer de inveja por não ter uma casa digna do Pinterest, nós celebramos nosso relacionamento amoroso e lembramos que o lar é onde mora o coração. Em vez de sentir frustração e estresse por trabalhar muito, aprendemos a aproveitar o tempo livre com nossa família e nossas amizades. Em geral, quanto mais nos alegrarmos e engrandecermos a alegria dos outros, enquanto celebramos as pequenas coisas da nossa própria vida, maior é a nossa chance de enxergar felicidade no mundo e sorrir, sabendo que todas as pessoas ao redor são "assim como eu".

20. O QUE TODOS QUEREMOS: EQUANIMIDADE

Não podemos ter uma sociedade iluminada (ou um mundo são e pacífico) se os indivíduos dentro dela estão presos em uma mente pequena e rígida.

- Pema Chödrön (*Welcoming the unwelcome*)

A professora de meditação Sharon Salzberg uma vez escreveu o seguinte: "A equanimidade é o que fornece um senso de paciência para a bondade amorosa, a compaixão e a alegria empática – uma capacidade de permanecer e persistir, mesmo quando o amor, a simpatia e a alegria não são recíprocos, mesmo ao longo de seus altos e baixos". Quando eu digo a palavra "equanimidade", você pode pensar: "Sim, por favor". O termo em sânscrito *upeksha* normalmente é traduzido como "equanimidade", mas ele não significa apenas sentir equilíbrio interno – seu sentido é maior do que essa definição. Na verdade, eu prefiro a tradução "inclusividade", proposta pelo mestre zen Thich Nhat Hanh, que significa que nós podemos abrir imensamente o nosso coração e incluir toda pessoa que encontrarmos como sendo destinatária do nosso amor. Falando sobre esse tema, ele disse: "Quando você ama uma pessoa, isso é uma oportunidade para amar todo mundo, todos os seres".

Às vezes, quando eu me sinto sobrecarregado de ansiedade, gosto de sair para dar uma caminhada. Eu não sou um grande caminhante, ainda que entenda o apelo disso. Normalmente eu simplesmente ando pelo meu bairro (à noite, quando não está muito cheio) e transformo isso em uma prática de equanimidade. É bem simples: quando eu passo pelas pessoas, abandono as histórias sobre as minhas próprias questões e apenas sorrio para elas, abrindo o meu coração.

Nesse trajeto, pode ser que eu encontre alguém amigável passeando com o cachorro e tenha o impulso de gostar dessa pessoa. Também posso me deparar com alguém falando alto ao celular e sinta o impulso de não gostar dela (mas sorrio mesmo assim). Ou pode ser que eu me encontre cercado de pessoas que não conheço. A ideia da prática é transcender a tendência de "gosto/não gosto/ignoro", porque todas essas pessoas naturalmente merecem o meu amor.

Sua Santidade o 17º Karmapa, Ogyen Trinley Dorje, líder da escola Kagyu do budismo tibetano, uma vez disse:

> "Eu quero compartilhar com vocês um sentimento que eu tenho. Eu sinto que o meu amor não precisa permanecer restrito às limitações da minha própria vida e do meu

próprio corpo. Eu imagino que, se não estiver mais no mundo, meu amor ainda pode estar presente. Eu quero colocar meu amor na Lua e deixar a Lua segurá-lo. Deixar a Lua ser sua guardiã, oferecendo meu amor para todo mundo – assim como ela oferece sua luz para abraçar o planeta inteiro."

Essa forma ampla de amor pode parecer loucura para você. No entanto, grande parte do nosso sofrimento interno surge a partir da crença de que existem pessoas de quem deveríamos gostar e pessoas de quem não deveríamos gostar. Quem estivesse no primeiro grupo só deveria nos encher de elogios e amor, enquanto as pessoas do segundo grupo estão sempre tentando nos pegar desprevenidos para nos derrubar. Isso simplesmente não é verdade. Todo mundo está sofrendo e todos estamos fazendo o nosso melhor. Nós todos possuímos a bondade básica e todo mundo, de vez em quando, age a partir de um estado de confusão. Para podermos nos disponibilizar a ajudar o mundo ao redor, precisamos caminhar de uma mente pequena e rígida para uma mente que inclua todo mundo – como diz a citação da Pema Chödrön que abriu este capítulo.

Quando você se depara com alguém agindo a partir de um estado de confusão, talvez sua tendência habitual seja fechar o coração, repetir internamente várias histórias sobre como essa pessoa é má e encher a sua mente de ansiedade. É difícil resistir a essa tendência e abrir o seu coração. Então, quando você perceber que se perdeu no meio dessas histórias, faça uma pausa e respire fundo.

Sinta o seu corpo, escaneando lentamente da planta dos pés até o topo da cabeça em busca de qualquer tensão e relaxando todos os músculos ao longo do caminho.

Fique por um instante sentindo o seu corpo respirar.

Agora traga à mente uma pessoa com quem você esteja tendo alguma dificuldade atualmente. Você pode imaginá-la sentada em uma postura relaxada (ou seja, sem estar na ofensiva). Perceba em você qualquer tendência de fechar o seu coração e tente se manter em um estado de abertura para a presença dessa pessoa. Direcione a ela a frase de aspiração do bem-estar. Você pode usar a que eu mencionei na seção sobre bondade amorosa, mas aqui vão algumas frases comuns da prática de equanimidade:

Eu te desejo felicidade, mas não posso tomar suas decisões.

Eu vou cuidar de você, mas não posso te proteger do sofrimento.

Que todos nós possamos aceitar as coisas como elas são.

Se alguma dessas frases soar bem para você, repita lentamente por três vezes, fazendo uma pausa entre cada recitação para que as palavras realmente cheguem até você. Quando sentir que deve, faça mais uma respiração profunda e retome o seu dia.

Quando fazemos esse tipo de prática, percebemos que não podemos controlar os outros. Talvez eles continuem a sofrer e a descontar nas pessoas ao redor, por estarem sofrendo. O que podemos fazer é desejar que eles despertem sua própria mente e seu próprio coração, para que possam alcançar um senso de felicidade. Nós podemos ser abertos e pacientes com eles ao longo de todos os seus altos e baixos.

Tem algo de muito lindo na equanimidade. Quando eu penso nesse termo, a imagem que me surge é a de uma montanha. Se um vento muito forte sopra contra ela, ele é repelido – mas ela permanece inalterada. Caso esse mesmo vento encontre uma folha murcha, ele pode arrancá-la da terra e chacoalhá-la por aí. Quando os vendavais da vida sopram na sua direção, você prefere ser a montanha ou a flor?

Quando você se senta para meditar, está imitando a montanha: você tem uma base forte, que é o seu corpo enraizado no solo, e se eleva através da coluna, tendo como cume a sua cabeça. Você permanece imóvel, não importa quais pensamentos surjam na sua prática – você reconhece a presença deles e volta para a respiração. Ao continuar se dedicando às práticas de shamatha e das Quatro Incomensuráveis, você está aprendendo a ser como uma montanha e a cultivar a paciência necessária para suportar os bons e maus momentos que a vida colocar no seu caminho com estabilidade, pé no chão e força.

As Quatro Incomensuráveis (bondade amorosa, compaixão, alegria empática e equanimidade) nos mostram que nós temos uma escolha, mesmo quando as pessoas nos estressam ou quando nos perdemos na nossa ansiedade: nós podemos nos voltar para dentro e ficar perdidos em padrões negativos, ou podemos levantar o nosso olhar e ver como oferecer amor, enxergando com clareza o caminho para passar por essa situação estressante. A escolha é nossa – e quanto mais escolhemos o amor, mais fácil se torna essa escolha.

PARTE TRÊS
DA ANSIEDADE À ATIVIDADE COMPASSIVA

21. NADA É TÃO REAL QUANTO A GENTE PENSA (NEM MESMO A ANSIEDADE)

Considere todos os dharmas como sonhos.

- Atisha Dipamkara Shrijnana

Pode ser que até agora você tenha vindo na onda, pensando: "Beleza, eu vou meditar para melhorar a minha ansiedade, esse negócio de bodhichitta é interessante, talvez eu dê uma experimentada nessa história de bondade amorosa". Aí você chega a este capítulo e, de repente, deixa o livro de lado por uma semana. Que p*rra é essa de "Considere todos os dharmas como sonhos" e o que isso tem a ver com a sua ansiedade? Boa pergunta. A resposta curta é: tudo. Agora nós vamos nos aprofundar nos ensinamentos da seção anterior, sobre amor, acrescentando o tempero especial budista: os ensinamentos sobre a vacuidade.

Vamos começar lá no século XI. Na escola Kadampa do budismo tibetano, havia um professor maravilhoso chamado Atisha Dipamkara Shrijnana, que é amplamente reconhecido como sendo o responsável pela sistematização daquilo que chamamos de *lojong* – o termo *lo* pode ser traduzido do tibetano como "mente" e *jong* como "treinamento". Em outras palavras, ele pegou a essência do budismo e transformou em algo acessível às pessoas, condensando os ensinamentos em cinquenta e nove aforismos de treinamento da mente extremamente concisos. Antes de Atisha, essa série específica de ensinamentos era guardada a sete chaves pela comunidade monástica – mas ele percebeu como ela era relevante para os praticantes leigos e a disponibilizou para o mundo.

Nesta seção, nós vamos ver dez desses aforismos e analisá--los sob o nosso prisma de compreender as coisas como elas são e, por consequência, abrir mão da ansiedade e caminhar para um lugar de liberdade e coração aberto. Esses ensinamentos lidam com dois conceitos centrais: bodhichitta absoluta e bodhichitta relativa. "Absoluta" é um termo que nos convida a olhar para a própria natureza da realidade em si, enxergando além da nossa confusão e nos colocando em um estado de abertura e relaxamento (a liberdade). Já a bodhichitta "relativa" é a experiência de trazer essa perspectiva para nossas atividades cotidianas de forma compassiva e carinhosa (o coração aberto).

Então, para voltar ao mesmo ponto, o que será que significa "Considere todos os dharmas como sonhos"? A palavra "dharma", no singular, pode ser usada para se referir aos ensinamentos do Buda, porém no plural ela se refere a todos os fenômenos. Portanto, Atisha está nos convidando a considerar tudo o que encontramos no mundo com a mesma leveza que temos em relação ao sonho. Ele está mostrando que levamos tudo muito a sério (tanto no mundo quanto em nós) e que isso não precisa ser assim. É basicamente o jargão do século XI para dizer "Deixa essa merda para lá", mas com uma pegadinha.

A pegadinha de ver o nosso mundo como algo onírico tem a ver com os ensinamentos budistas sobre a vacuidade. Na primeira seção deste livro, eu abordei a vacuidade do eu: como o nosso ego nos impede de relaxar com as coisas como elas são. Agora nós vamos ver que isso não se restringe a nós – todas as outras coisas também são vazias de qualquer natureza sólida, permanente e constante.

Nós não somos tão sólidos e imutáveis quanto achamos. A ciência já comprovou que o nosso corpo inteiro passa por um processo através do qual, ao longo de um período de sete anos, todas as nossas células morrem e são substituídas. Isso significa que esse corpo, que nós consideramos como uma única coisa contínua, na verdade é algo constantemente novo!

Mas não é apenas o nosso corpo que é assim – nossos pensamentos e emoções também são efêmeros e dinâmicos. Se eu te perguntasse qual era a causa da ansiedade que você sentia há exatamente um ano, provavelmente você não conseguiria me contar os detalhes, porque aquela história e seu respectivo transtorno emocional, aos quais você se apegava com tanta força, mudaram ao longo do tempo. Quanto mais olhamos para nós mesmos, mais percebemos que cada aspecto de quem acreditamos ser é vazio de qualquer natureza permanente e

imutável. Até mesmo a nossa ansiedade – esse peso morto nas nossas costas – não é tão sólida e real quanto nós pensamos.

Como já falamos sobre a vacuidade do eu, agora podemos olhar para a vacuidade do outro. Todas as coisas ao nosso redor, assim como nós, não possuem um estado de existência imutável e permanente. Quando observamos as circunstâncias da nossa vida, é impossível apontar para uma coisa e dizer "Essa parte nunca muda", porque tudo está em fluxo. As estações mudam, as pessoas que nós amamos envelhecem – até mesmo aquilo que possuímos foi construído e, com o tempo, se desfaz. Portanto, o argumento de Atisha é o seguinte: se todas as coisas não possuem uma natureza duradoura e permanente, será que nós não deveríamos tratar o nosso mundo como algo mais fluido e efêmero, em vez de levá-lo tão a sério?

Isso pode parecer apenas uma ideia interessante, mas na verdade também é uma experiência que podemos ter na nossa prática de meditação. Como a monja budista Pema Chödrön escreveu: "Você pode ter a experiência dessa qualidade aberta e não-fixada durante a prática formal de meditação: tudo o que surge na sua mente (ódio, amor e todo o resto) não é sólido. Ainda que a experiência possa se tornar extremamente intensa, ela é apenas um produto da sua mente. Nada de sólido está realmente acontecendo". Quando levamos em consideração que nossas emoções intensas (incluindo o medo, a ansiedade e a preocupação) são apenas produtos da nossa mente, nós percebemos que podemos relaxar em torno delas.

A ansiedade e outras partes rígidas dentro de nós podem ser confrontadas através da simples percepção de que elas não são tão sólidas e reais quanto podemos pensar (são vazias de uma natureza permanente) – e isso nos liberta para sermos muito gentis conosco e com os outros (oferecendo a nossa bodhichitta).

Quando tomamos consciência dessa perspectiva, as emoções intensas se tornam menos assustadoras: elas vêm bater à sua porta e você as enxerga como são. Em vez de sair correndo e se esconder no outro cômodo, você diz: "Ah, é você outra vez!" e as convida para tomar um chá. Talvez o medo e a ansiedade não sejam seus hóspedes favoritos, mas pelo menos você pode ter um certo senso de humor em relação à quantidade de vezes que eles aparecem – e saber que, depois de terminar o chá, eles vão seguir viagem felizes da vida.

Essa perspectiva de considerar tudo que você encontra (inclusive seus gatilhos de estresse) como algo onírico, sem tanta permanência ou solidez, representa uma mudança fundamental no seu modo normal de operar. Em vez de se apegar ao medo, à ansiedade ou a qualquer emoção que bata à sua porta, você sintoniza com a realidade como ela é, no momento presente – e relaxa com isso. Você sente confiança de que as suas emoções vêm e vão, de que elas podem passar por você. Você não precisa se apegar nem lutar contra elas, basta saber que elas são efêmeras e relaxar de volta para o momento presente.

22. COMPAIXÃO EM MEIO AO CAOS

Quando o mundo estiver repleto de maldade, transforme todos os contratempos no caminho de bodhi.

- Atisha Dipamkara Shrijnana

Às vezes parece que o mundo está pegando fogo e que nós não podemos fazer nada a respeito. Quando as coisas estão colapsando na sua vida pessoal, ou seus relacionamentos estão caóticos, ou você está constantemente recebendo alertas de notícias sobre a última calamidade mundial, normalmente é nesse momento que você quer fechar o coração e a mente, entrar debaixo do cobertor e se esconder de tudo. Eu entendo. Eu juro que entendo.

Mas eis que chega nosso amigo Atisha sugerindo que, por algum motivo, *esse* é o momento para despertar o seu coração e a sua mente, enxergando o que quer que esteja pegando fogo como sendo parte do seu caminho espiritual. Ele sussurra o próximo aforismo no seu ouvido: "Quando o mundo estiver repleto de maldade, transforme todos os contratempos no caminho de bodhi". Recapitulando: "bodhi" pode ser traduzido como "aberto" ou "desperto". Portanto, Atisha está apresentando o sofisticado ponto de vista de que qualquer coisa que vejamos de errado no mundo pode ser transmutada em combustível de um despertar compassivo para a realidade tal qual ela é.

Isso ocorre quando nós não meramente reagimos ao que percebemos como sendo maldade. Como eu já disse antes, estou escrevendo este capítulo durante aquilo que eu imagino ser um momento histórico: a pandemia do coronavírus, em 2020. Houve um momento interessante quando, depois de vários países entrarem em quarentena, diversos estudantes universitários decidiram manter seus planos de aproveitar as férias na Flórida. Esses jovens (Meu Deus, eu estou usando esse termo, fiquei velho!) apareceram em um vídeo, que viralizou, falando com alguns repórteres que não iam deixar essa pandemia estragar as férias deles.

Nossa, foi impressionante a comoção que isso gerou! Eu nunca tinha visto a internet se unir tanto para atacar um grupo específico. Nesse caso, algumas pessoas até rotularam esses estudantes de "maldosos". A opinião estabelecida era que todo mundo estava se sacrificando profundamente para impedir que o vírus se disseminasse e esses jovens estavam possivelmente espalhando o vírus por todo canto. Quando pensamos em política, tem muitas pessoas de um lado e várias do outro – quase meio a meio. Nesse caso, nós tínhamos um grupo de estudantes universitários ingênuos querendo curtir as férias e 99,9% do mundo falou: "Como vocês se atrevem a fazer essa p*rra?"

O ensinamento essencial nessa situação é afrouxar um pouco a rigidez que temos em relação ao que é "bom", "ruim", "a meu favor", "contra mim" – e ver as coisas como elas realmente são. Existem pessoas assustadas, preocupadas com a saúde delas próprias e de seus entes queridos. Existem estudantes universitários confusos, preocupados em perder parte de suas vidas. A verdade, com *V* maiúsculo, é que todo mundo aqui está sofrendo de alguma forma, portanto nos apegarmos à noção de "o bem contra o mal" só vai nos trazer mais sofrimento.

Quando você rotula um indivíduo ou um grupo como "maldoso", vale considerar que essa opinião fixa provavelmente está te impedindo de acessar sua própria despertez inata. Para nos ajudar a sair desse ponto de imobilidade e caminhar rumo a um entendimento mais profundo, o mestre zen Thich Nhat Hanh sugere a prática de perguntar: "Você tem certeza?" Quando alguma coisa aparentemente má pipocar na sua vida e começarem a aparecer histórias explicando por que fulano está errado e você tem razão, apenas se pergunte: "Você tem certeza?" Você tem certeza de que essa pessoa quer te prejudicar? Você tem certeza de que se esse projeto fracassar sua carreira vai estar arruinada? Você tem certeza de que essa mensagem de texto significa que seu parceiro ou parceira não liga mais para você?

Quando começa a ter uma curiosidade gentil em relação à sua experiência, você se torna capaz de afrouxar o controle que a ansiedade e o medo têm sobre você e, nesse momento, relaxar de volta para o momento presente. Você pode retornar para a respiração, sua velha amiga, e permitir que ela te ancore no aqui e agora. Ao se perguntar "Você tem certeza?", você abre mão dos rótulos fixos que te separam das outras pessoas.

Esse aforismo em particular se encontra em uma seção da obra de Atisha que é especialmente focada na paciência. Quando nós temos uma certa tendência à ansiedade, normalmente pensamos que a paciência é algo do tipo "tolerar e se resignar": se esperarmos tempo suficiente sem pirar, nossas circunstâncias vão mudar. Embora isso de fato seja verdade, a noção budista de paciência é um pouco mais ampla do que essa definição. Paciência não significa esperar até conseguir o que se quer, mas sim se relacionar plenamente com a situação (mesmo que ela seja dolorosa ou que você esteja morrendo de medo).

A noção budista de paciência surge quando você não se perde em meio a essas expectativas fixas. Você pode abandonar suas ideias sobre como as coisas deveriam ser e se abrir para o fluxo de como as coisas vão acontecer. Podemos pensar na paciência como sendo o ato de estarmos abertos para o que quer que surja no nosso caminho – então é menos uma questão de "esperar para ver" e mais um processo de "estar junto" com a nossa experiência.

É fácil praticar paciência quando você sabe que, em algum momento, a coisa vai acontecer – e bem mais difícil quando você não sabe o que vem a seguir. Durante as primeiras semanas da pandemia, a maior parte dos meus alunos de meditação virou para mim, imaginando que eu possuía um conhecimento infinito de virologia, e perguntou: "Quando você acha que as coisas vão voltar ao normal?" A minha resposta, todas as vezes, foi: "Não dá para saber". E eu diria mais: em vez de gas-

tar toda a nossa energia mental com a ansiedade sobre o que pode acontecer, talvez nós precisemos aprender a ficar confortáveis com a ideia de não saber. Quando parece que a sua vida pessoal e o mundo todo estão cheios de gatilhos de maldade, pode ser que você se sinta sem chão e sem coragem. Pode ser que você preencha a sua mente com inúmeras histórias sobre "Mas e se..." e fique pirando nisso. Mas você não sabe o que vai acontecer! Em vez de se deparar com a ausência de chão gerando inúmeras histórias sobre o que pode dar errado, o convite aqui é para você manter os pés no chão e se abrir para o momento presente.

Em vez de se perder nesses "E se...", aqui está um convite para o "neste instante". Quando você for capaz de adentrar este momento, vai ter uma chance maior de enxergar as situações com clareza e responder de uma maneira que esteja alinhada com o que de fato está acontecendo, em vez de viver com base nas suas noções enviesadas de como as coisas deveriam ser.

Você pode até mesmo escrever as palavras "Você tem certeza?" em uma nota adesiva e colocar na parede, a fim de se lembrar de refletir se essa coisa aparentemente má acontecendo é exatamente o que você pensa que é, ou se você talvez possa se abrir a novas possibilidades e responder a partir de um lugar interno de abertura.

Quando nós respondemos, a partir de um lugar interno de bodhi, ao que normalmente podemos perceber como sendo "errado", estamos despertando para a vida *tal qual ela é* – e não como nós gostaríamos que ela fosse. No budismo, estamos constantemente buscando compreender o que se passa na nossa mente e no mundo ao nosso redor. Lembrar-se desse aforismo nos ajuda a ter mais curiosidade e transformar nossa visão desesperançosa e triste em uma visão de possibilidades. Esse aforismo nos convida a considerar o que quer que esteja acontecendo como sendo parte do nosso caminho espiritual.

Uma última observação sobre ele: quando não endurecemos nosso coração contra o que percebemos como sendo maldade no mundo, estamos cultivando a esperança em um amanhã melhor. Às vezes pode ser difícil ter esperança. Nós vivemos em um mundo tão ansioso e estressado, com tanta desigualdade, que simplesmente mencionar a palavra "esperança" pode te fazer revirar os olhos. Eu entendo. É difícil não nos sentirmos sufocados pelo caos e pela injustiça no mundo.

A professora de meditação Sharon Salzberg uma vez disse: "A esperança frequentemente é sobre como nós queremos que o mundo seja – como se a vida fosse ser perfeita caso você conseguisse aquela coisa, pessoa ou experiência, ou caso o mundo melhorasse nisso ou naquilo… Isso pode acabar nos deixando perdidos em meio a esse anseio, que só aumenta a nossa separação do mundo tal qual ele é". O conselho de Atisha é o seguinte: quando parecer que as coisas estão indo mal, não crie muros entre você e o mundo, desejando que as coisas fossem diferentes. Busque se aproximar da sua experiência e manter sua conexão e presença diante do que quer que surja, sem apego por algum desfecho específico.

Você já teve de lidar com adversidades antes. Você já passou por momentos em que as coisas pareciam caóticas e opressivas – e sobreviveu. A esperança reside em saber que você tem força e que, tendo passado pelas tempestades anteriores, também é capaz de passar por esta.

Pode ser que desenvolver paciência não resolva a multiplicidade de problemas do mundo, mas certamente isso vai permitir que você mantenha sua abertura e presença a ponto de conseguir determinar com habilidade a melhor forma de ajudar as coisas a seguirem no caminho certo. O que você enxerga como sendo bom ou mau vai continuar sendo parte da vida, mas você pode encarar isso com bodhichitta e encontrar um caminho para atravessar. Essa esperança é baseada na realidade.

23. ATÉ O SEU EX MERECE A SUA GRATIDÃO

Tenha gratidão por todos.

- Atisha Dipamkara Shrijnana

Na primeira seção deste livro nós vimos como as práticas de gratidão podem redirecionar nosso foco de um ponto puramente focado na nossa ansiedade para um lugar de abertura, no qual percebemos a abundância que está bem debaixo do nosso nariz. Normalmente, quando eu pratico os ensinamentos da gratidão, é uma forma de mover o foco da minha atenção do meu sofrimento, ou do que eu não tenho, e colocar minha energia mental na experiência de apreciação, celebrando o que eu faço.

No próximo aforismo conciso, Atisha nos convida a levar nossa prática de gratidão um passo além, com a instrução de termos gratidão não apenas pelas pessoas de quem nós gostamos, mas por todos os seres. Na verdade, alguns professores traduzem esse aforismo como: "Contemple a grande bondade de todo mundo".

"Todo mundo" é pedir bastante, né. Isso inclui o seu ex, aquele colega de trabalho de quem você não gosta, o político que você julga ser responsável por acabar com o planeta – todo mundo. Atisha está nos pedindo para olhar diretamente para alguns dos seres que nos geram estresse e ansiedade e encontrar algum aspecto deles que possamos apreciar, o que nos leva a ampliar nossa perspectiva normalmente estreita.

Tradicionalmente, esse aforismo "Tenha gratidão por todos" se refere à ideia de considerar as pessoas difíceis como sendo merecedoras da nossa gratidão, por estarem nos ajudando a amadurecer espiritualmente. O professor budista tibetano Traleg Rinpoche uma vez disse: "Nós só temos maturidade espiritual e psicológica quando somos testados". Cada vez que encontramos um obstáculo na relação com pessoas difíceis e conseguimos atravessá-lo, nos tornamos muito mais compassivos e resilientes. Sem a pessoa difícil, nós não teríamos evoluído dessa forma – logo, deveríamos agradecer a ela por isso.

Talvez, ao ler o título deste capítulo, você tenha pensado: "Nem a pau, Lodro. Meu ex é um canalha, sujo e me traiu. Eu nunca vou ser grata a ele". Embora talvez o seu ex não estivesse buscando demonstrar bondade quando tentou transar com a sua melhor amiga, nós estamos olhando para a situação sob uma nova perspectiva, a fim de diminuir o estresse em torno dela e nos levar a um lugar de contentamento. Simplificando: quando abandonamos o fantasma do ressentimento, sentimos alívio. Para chegar a isso, talvez seja necessário levar em consideração as coisas boas que surgem daquilo que chamamos de "ruim".

Outra forma de gerar gratidão pelas pessoas babacas é refletir sobre o grande sofrimento delas. Todo mundo sente algum tipo de dor. Algumas pessoas não conseguem ficar com a própria dor e, por conta disso, extravasam de formas que geram muitos danos aos outros. Eu já fiz isso no passado – e você? Eu imagino que seja bem possível. Na verdade, o simples fato de reconhecer isso nos ajuda a despertar o nosso coração para ter empatia por pessoas que estão claramente criando dor e machucando os outros, devido ao próprio sofrimento. Como Pema Chödrön escreveu uma vez: "Se aprendermos a abrir o nosso coração, todas as pessoas podem ser nossas professoras – inclusive as pessoas que nos levam à loucura".

PRÁTICA DE GRATIDÃO: SEGUNDO ROUND

Para aproveitar o trabalho que já fizemos, caminhando da ansiedade para a gratidão, tente fazer esta prática ao término da sua sessão de shamatha ou então na cama antes de ir dormir. Separe alguns minutos para repousar no ciclo natural da sua respiração e em seguida reflita sobre as seguintes perguntas, deixando as respostas que surgirem passar por você como ondas:

Existe alguém atualmente na minha vida por quem eu sinto gratidão?

No dia de hoje eu fiz alguma coisa pela qual eu sinto gratidão?

No dia de hoje eu tive alguma dificuldade com alguém? Exis-

te algo sobre essa pessoa que me faça sentir gratidão?

Existe algo sobre mim que me faça sentir gratidão?

Este passo adicional de refletir sobre alguém com quem nós tivemos alguma dificuldade leva nossa prática de compaixão a outro nível. Nós estamos caminhando de um foco exclusivo em nós mesmos e na nossa ansiedade para um espaço de reflexão sobre como até mesmo as pessoas mais difíceis podem nos ensinar coisas novas sobre nós mesmos. Estamos reformulando nossa ansiedade, fazendo com que ela deixe de ser um problema e se torne uma oportunidade de crescimento espiritual. No início pode ser um pouco desconfortável acrescentar este passo à nossa prática de gratidão. É como ir à academia e se exercitar um pouco além da sua zona de conforto: você pode sentir alguma dor, mas em última instância os seus músculos crescem. Da mesma forma, ao refletir sobre a grande bondade até mesmo das pessoas difíceis, nós estamos permitindo que o nosso coração fique ainda mais forte.

24. UNINDO OS IMPREVISTOS À MEDITAÇÃO

O que quer que aconteça de inesperado, una à meditação.

- Atisha Dipamkara Shrijnana

Vamos encarar os fatos: nós humanos buscamos o conforto. Na verdade, de acordo com os textos budistas clássicos, toda a nossa existência humana é definida pelo desejo de buscar apenas as coisas prazerosas e evitar a qualquer custo as coisas dolorosas. Normalmente isso significa que buscamos fatores externos para determinar a nossa felicidade – seja uma oportunidade profissional, um novo interesse romântico ou formar uma família. Nós acreditamos que, se pudéssemos conseguir essa coisa, finalmente seríamos felizes.

Aqui vai um fato curioso: sempre vai haver alguma coisa nova por aí. Nós gastamos muita energia mental pensando

"Quando eu conseguir esse status social", ou "Esse novo relacionamento", ou "Esse novo patamar de riqueza", tudo vai ficar bem. Bom, duas coisas podem acontecer: nós não conseguimos o status, o relacionamento ou a riqueza e, por consequência, nos sentimos muito mal em relação a nós mesmos, ou então conseguimos – e começamos a desejar alguma outra coisa.

Em um certo cântico budista, existe um verso curto que me assombra, porque mostra como muitos de nós estamos "sempre procurando por algum outro agora". Como a maior parte de nós não treinou a mente para ficar presente com o que estiver acontecendo, seja uma experiência subjetivamente boa ou ruim, nós costumamos ficar "viajando" e sonhando acordados sobre outro momento na nossa linha do tempo, algum outro "agora" do qual poderíamos participar.

Entretanto, em algum momento a vida exige nossa atenção. Conforme apontado por Atisha, algo muda em nossa experiência diária e nos joga em meio à incerteza. Talvez nosso novo emprego desapareça, talvez você diga alguma coisa para a pessoa com quem está namorando e ela comece a ficar distante, talvez o seu aluguel seja reajustado e você não consiga mais ficar no seu lar. Nesses momentos em que sentimos que puxaram o nosso tapete, em vez de tecer nossas histórias (que sempre começam com "E se...") sobre coisas que podem ou não acontecer no futuro, Atisha nos convida a nos enraizarmos em nossa prática de meditação e nos aterrarmos em meio a essa situação de ausência de chão.

Em vez de lutar contra a incerteza e contra as muitas maneiras pelas quais a mudança e a impermanência são capazes de nos fisgar, nós podemos unir isso ao nosso caminho espiritual.

Esse conceito me faz lembrar de alguns versos de um poema do professor budista tibetano Chögyam Trungpa Rinpoche: "Que, no jardim da sanidade gentil, / Os cocos da despertez possam te bombardear".

Para ir um pouco mais fundo nesses dois versos, a ideia é como se você estivesse seguindo com a sua vida cotidiana, tudo muito gentil e são... até que, *bum!*, um coco bate na sua cabeça. Não é um coquinho que encosta de leve e só te incomoda um pouco, mas sim um coco que te derrubaria se caísse na sua cabeça.

Esses "momentos-coco" são aquelas ocasiões em que o inesperado surge na sua vida: quando a pessoa amada te rejeita, por exemplo, ou quando falece alguém da sua família, ou quando você perde o emprego. O seu coração se parte ao meio e você sente a derrota. É nesses momentos que você se sente uma pessoa totalmente perdida e não sabe o que fazer em seguida. No entanto, em meio a esse tempo de mudança abrupta, você está recebendo uma linda oportunidade.

O que você faria se algo assim te acontecesse? Você tem duas opções: (1) se encaracolar na dor e esperar que a mudança e a incerteza vão embora e encontrem outra pessoa (algo que, pela minha experiência, não é particularmente eficaz); ou (2) usar esse momento como uma oportunidade de exercitar a despertez, encarando diretamente seu medo, sua ansiedade e sua dor e olhando para eles por tempo suficiente para perceber que você é capaz de atravessá-los. Você provavelmente já passou por muitas situações de incerteza no passado e continua aqui, então você sabe que é capaz de ter resiliência e força suficientes para conseguir atravessar isso.

Embora eu esteja focando na incerteza, esse mesmo conselho pode ser aplicado a qualquer perturbação emocional mais forte. Se você tentar se esconder dela, não vai conseguir – quanto mais você luta contra a dor, mais tempo acaba chafurdando nela. Em vez disso, você pode mergulhar no seu turbilhão interno e vivenciá-lo plenamente, permitindo que ele passe por você como uma onda, e ver se você emerge do outro lado com um novo vigor.

Quando nós unimos nossa prática de meditação ou espiritualidade com o inesperado, nos tornamos capazes de surfar as ondas da nossa vida. Já que sempre haverá situações inesperadas e geradoras de ansiedade surgindo na nossa vida, nós estamos dizendo: "Será que eu consigo treinar permanecer presente com elas e para elas?" Isso é algo muito mais inteligente do que simplesmente tentar se esconder.

Será que nós somos capazes de utilizar cada circunstância da nossa vida como um modo de despertar? Em algum ponto da nossa prática de meditação, nós percebemos que isso certamente é algo muito útil na hora de mudar nossa relação com o estresse (o que é uma coisa ótima!), mas é apenas o primeiro passo da jornada espiritual. Usando como base a seção anterior sobre bodhichitta, nós precisamos ter visão de longo prazo e perceber que temos uma vida inteira pela frente para treinar com a incerteza, então é melhor abrirmos o nosso coração a ponto de conseguir acomodar a ausência de chão que há de vir.

Na língua tibetana, a palavra para "guerreiro" é *pawo*, mas uma tradução mais direta seria "aquela pessoa que é corajosa". Nesse caso, coragem não se refere a alguém que vai sair por aí espalhando agressão, porque esse "guerreiro" não é o guerreiro comum que luta contra os outros. Na verdade, o termo se refere a alguém que tem coragem suficiente para lutar contra as próprias neuroses e padrões habituais arraigados. Pawo é alguém que lida de forma corajosa com a própria ansiedade, alguém que, em meio a tempos de incerteza, se relaciona de forma plena com a própria experiência presente e, por consequência, se torna uma pessoa com mais gentileza e compaixão. Sejamos todos guerreiros do coração aberto.

25. APRENDENDO A CONFIAR EM SI

Das duas testemunhas, mantenha a principal.

- Atisha Dipamkara Shrijnana

Recentemente, uma das minhas alunas de meditação, que podemos chamar de Kristin, contou para o pai que tinha solicitado uma promoção no trabalho. O pai dela respondeu: "Por que você fez isso? Você vai atrair muita atenção sobre si. Aposto que você vai ser demitida!" Ela ficou muito abatida. Estava esperando, na melhor das hipóteses, ser apoiada e, na pior, encontrar um entusiasmo mediano. Mas o pai conseguiu tocar no seu maior medo, o que inicialmente fez com que ela entrasse em uma espiral de incerteza e ansiedade.

Felizmente, ela já vinha meditando há algum tempo e percebeu que era capaz de notar quando estava seguindo por narrativas prejudiciais e se trazer de volta. Ela me disse que, quando conseguia permanecer no momento presente, percebia que a história flutuando em sua mente não era nem mesmo dela própria – era do seu pai. "Ele teve muitas experiências negativas no ambiente de trabalho, sempre sentia que era maltratado, então simplesmente estava projetando suas próprias experiências em mim!" Ela conseguiu se manter presente e consciente para perceber que não precisava levar adiante as histórias ansiosas da família.

Em se tratando de histórias de sucesso na meditação, eu acho que essa é uma grande vitória, e isso tem a ver com o aforismo: "Das duas testemunhas, mantenha a principal". Aqui nós estamos dizendo que existe a visão das outras pessoas sobre o que está acontecendo com você – e também existe a sua própria visão. Qual delas você acha que é uma testemunha mais confiável em relação à verdade da situação? A pessoa que tem várias ideias prévias sobre você? Ou será que é a pessoa que está na sua companhia vinte e quatro horas por dia, sete dias por semana, 365 dias por ano (ou seja, você)? Você iria preferir depender da ideia que alguém tem sobre o que aconteceu ou da verdade da sua própria experiência? Nesse sentido, confiar na "testemunha principal" se refere a confiar na sua própria compreensão e no seu próprio insight.

Esse é um aforismo importante, porque muitos de nós somos influenciados pela dúvida. Nós fazemos uma apresentação no trabalho e achamos que foi boa, mas em seguida perguntamos a uma pessoa o que ela achou. Ela dá de ombros, sem tirar os olhos do celular, e o nosso coração murcha. Nós permitimos que a opinião dela sobre o assunto ofusque a nossa reação instintiva inicial. Isso é um exemplo de confiar mais na

visão de outra pessoa do que no nosso próprio instinto.

No caso da Kristin, seu pai nunca tinha visitado o ambiente de trabalho dela ou visto quão competente ela é. Ao se deparar com a visão fixa de seu pai, ela teve a chance de fazer uma escolha: confiar em seus próprios sentimentos sobre a promoção ou ser influenciada pelas ideias de outra pessoa. Felizmente, ela escolheu a primeira opção.

Eu lembro quando foi lançado o meu primeiro livro, *Budismo na mesa de bar*. Eu ainda era jovem na época (tinha vinte e poucos anos) e, como a maioria das pessoas nessa idade, ainda estava entendendo as minhas paradas – eu ainda estou, só que menos. Eu estava orgulhoso do livro, mas era profundamente inseguro. Então não é surpresa nenhuma que, quando eu ouvia alguém falar mal de mim ou do meu livro, doía muito.

Eu me lembro de uma resenha particularmente insensível que difamou o projeto como um todo, dizendo que eu não sabia do que estava falando e citando um termo que eu tinha usado como sendo em sânscrito, mas que na verdade era em tibetano. (A propósito, é esse tipo de resenha CDF que a gente recebe quando escreve livros budistas.) Eu mandei uma cópia para o meu editor, claramente incomodado, e ele disse que a resenha estava equivocada e eu tinha usado o termo corretamente. Até esse momento, eu não tinha sequer pensado em confiar no meu próprio conhecimento e na minha experiência. Isso me fez perceber que eu precisava ficar de olho nessa tendência de ser rapidamente influenciado pela opinião de alguém desconhecido.

Ao longo dos anos, eu aprendi a lidar com as projeções dos leitores. Enquanto algumas pessoas podem simplesmente olhar o título e escrever um e-mail perguntando como eu me atrevo a falar sobre meditação e bebida, outras podem me escrever dizendo que eu sou o melhor professor do mundo. Ambas as situações são projeções dessas pessoas. Em termos da minha compreensão do budismo, ao longo dos anos, eu venho cada vez mais confiando no fato de que eu sou a testemunha principal. Eu conheço minhas qualidades e meus defeitos. Eu sei onde eu escorrego em relação à atenção plena e compaixão e sei onde minha integridade é forte.

Isso é um benefício lindo, ainda que sutil, de se aprofundar na meditação – você aprende a confiar mais plenamente em si. A prática desse aforismo é sermos verdadeiros em relação a quem realmente somos. Você é a única pessoa que te conhece inteiramente. Você passa mais tempo consigo do que qualquer outra pessoa. Então por que você confiaria mais na opinião dos outros do que na sua própria?

Mas claro que vale a pena ouvir, se alguém vier até você com algum comentário. Se, por exemplo, uma amiga te puxa para um canto durante um jantar social e diz "Olha, eu não sei se você percebe, mas às vezes as fofocas que você faz passam da linha", esse comentário pode te pegar de surpresa, mas talvez valha a pena observar o que está sendo dito, refletir sobre o assunto e ver se existe alguma verdade nisso.

Ao recebermos elogios ou críticas, podemos nos lembrar de uma frase do mestre zen Thich Nhat Hanh: "Você tem razão, em parte". Se alguém diz que uma palestra minha foi horrível, eu posso admitir que essa pessoa tem razão, em parte: às vezes eu me atrapalho e digo a coisa errada! Se ela diz que foi algo mágico e incrivelmente verdadeiro em relação à experiência

dela, eu tenho dificuldade de aceitar, mas posso dizer que ela tem razão, em parte: nos meus melhores momentos, eu consigo passar adiante o que me ensinaram e as pessoas podem se sentir beneficiadas, como eu me senti no passado.

Esse aforismo não está dizendo que você é uma pessoa perfeita, que não precisa ouvir nenhum comentário ou opinião. Na verdade, certa vez o mestre zen Suzuki Roshi olhou para seus alunos de meditação e simplesmente disse: "Cada um de vocês é perfeito do jeito que é... mas dá para melhorar um pouquinho". Em outras palavras, você possui a bondade básica e pode confiar nela. Você é uma pessoa naturalmente plena, completa e perfeita – mas talvez você precise dar uma olhada em alguns dos obscurecimentos que te exilam desse estado, como por exemplo essa ansiedade incômoda que vive no fundo da sua mente.

Você conhece as suas falhas, você sabe quando para de praticar atenção plena e compaixão. Você sabe quando a sua ansiedade sequestra a sua experiência e te impede de ser quem você realmente é. As outras pessoas podem compartilhar suas próprias ideias subjetivas sobre você, mas só você sabe com certeza o que está acontecendo. Quando recebemos algum comentário, nós alinhamos isso com a nossa sabedoria inata e vemos se existe alguma verdade nele. Nós somos as testemunhas da situação em quem devemos confiar.

26. QUE TAL NÃO VOMITAR SUA ANSIEDADE NOS OUTROS?

Não fale sobre partes do corpo machucadas.
- Atisha Dipamkara Shrijnana

Eu gostaria de começar este capítulo pedindo desculpas a todos os meus amigos e amigas que já tiveram que me ouvir falando sobre um término de relacionamento. Eu me lembro de uma tarde específica, quando eu tinha uns vinte e poucos anos, em que uma namorada com quem eu sempre terminava e voltava decidiu terminar comigo pela milésima vez e eu liguei para o meu amigo Brett. Ele saiu do trabalho um pouco mais cedo e me encontrou em um bar, onde eu já estava bem ocupado afogando minhas mágoas.

A história que eu contei a ele, sobre meu desespero e minha

preocupação em pensar se nós iríamos nos reconciliar, não era diferente das que eu tinha contado em todos os términos – e era basicamente igual a todas as outras que ele estava acostumado a ouvir sobre essa mulher especificamente. No entanto, ele simplesmente me ofereceu espaço e um ombro acolhedor para o meu choro. Só depois de muitos anos, quando eu trouxe esse assunto à tona, ele disse, brincando: "Pois é, isso era muito chato da sua parte, né?"

Quando nós, seres humanos, nos sentimos feridos, uma reação muito comum é vomitar a nossa dor nas pessoas ao redor. Talvez seja dependendo muito dos amigos quando nos deparamos com algum estresse nos nossos relacionamentos amorosos. Talvez seja jogando o jogo do "E se..." com nosso parceiro ou parceria, que senta pacientemente no sofá enquanto nós entramos em uma espiral de todas as consequências possíveis dos nossos problemas financeiros. Talvez seja reclamando o tempo todo com os nossos irmãos, falando sobre como os nossos pais nos estressam. Em qualquer uma dessas situações, nós estamos permitindo que a nossa ansiedade e a nossa confusão transbordem da nossa mente e se entranhem na nossa fala, na esperança de que falar mais sobre o assunto vai ajudar a resolvê-lo de alguma forma.

A ansiedade não funciona assim. Nosso cérebro, um verdadeiro dispositivo de resolução de problemas, quer consertar o que quer que esteja nos estressando – mesmo que seja uma situação não-consertável. Não importa quantas histórias nós contemos (seja internamente, para nós mesmos, ou vomitando em voz alta para as pessoas próximas), nós não conseguiremos saber se vamos voltar com aquela pessoa, quando as coisas podem se transformar financeiramente ou quando o comportamento dos nossos familiares vai mudar. Ficar repetindo as mesmas três histórias em um ciclo vicioso não afeta o futuro. Normalmente, quando usamos nossa fala para perpetuar nossa ansiedade, isso faz com que essas histórias se multipliquem e nós acabamos nos sentindo pior.

Um aforismo de treinamento da mente, escrito por Atisha, que se relaciona especificamente com a nossa fala é: "Não fale sobre partes do corpo machucadas". Eu imagino que a construção dessa frase surgiu em resposta ao sistema médico do século XI. Eu não imagino que fosse algo particularmente sofisticado, então, quando você encontrava alguém que tinha sofrido um acidente, talvez você notasse que a pessoa tinha perdido parte de um dos seus membros. Até mesmo Atisha sabia que você provavelmente não deveria trazer isso como um tópico de conversa. Seria no mínimo constrangedor dizer: "E aí, meu querido! Como você perdeu a mão?"

Entretanto, em um sentido mais geral, esse aforismo nos encoraja a não nos debruçarmos nem apontar para o que percebemos como sendo defeitos nos outros – principalmente defeitos mentais e emocionais, embora também possam ser físicos. Por exemplo: se o seu amigo ansioso está pirando com o estado atual do mundo, você não deveria fazer piada com isso, dizendo que ele não está sendo pé no chão e que ele está agindo como um maluco. Isso não ajuda em nada e nós deveríamos tentar ajudar em todos os momentos, como Atisha continua a nos implorar para fazer. Nós deveríamos lembrar que as outras pessoas estão fazendo o melhor que podem e lidar com elas a partir dessa perspectiva, em vez de se apro-

fundar nos defeitos delas.

Normalmente, quando focamos muito nas falhas dos outros, isso é um sinal de que não estamos confortáveis na nossa própria pele. Em vez de olhar para a nossa própria ansiedade e nossas preocupações, nós dedicamos nossa atenção a diminuir os outros, inflando nosso ego na esperança de nos sentirmos superiores à outra pessoa.

Se você já se deparou com um troll de internet, sabe exatamente do que eu estou falando. É o tipo de energia em que, não importa o que aconteça, a fala negativa correrá solta. Uma pessoa pode doar todo o seu dinheiro para a caridade, mas um troll encontrará alguma forma de tentar trucidá-la – não porque a vítima seja uma pessoa horrível, mas porque ele não consegue lidar com o que está acontecendo em sua própria vida e em sua mente.

Outra forma de a ansiedade transbordar da mente e chegar à nossa fala é se manifestando como fofoca. Em vez de nos relacionarmos com nossas próprias questões, nós decidimos contar histórias possivelmente falsas sobre os outros, como forma de distração: "Você já ficou sabendo da Tina? Ela pegou o marido no flagra com outra e agora está se divorciando". Esse tipo de atitude é um exemplo clássico, que você deve evitar, de uma situação de "parte do corpo machucada". Quem se beneficia do fato de você contar a vida da Tina? Ninguém! O que Atisha está nos perguntando aqui é se nós podemos nos comprometer a observar a nossa fala e usá-la para beneficiar os outros e a nós mesmos, em vez de reclamar ou diminuir os outros.

Todos nós temos "partes do corpo machucadas". Talvez você tenha sofrido bullying e isso tenha te deixado com baixa autoestima. Talvez você tenha crescido em uma família que não sabia administrar as próprias finanças e herdado uma tendência de não conseguir economizar. Talvez você seja inábil no amor e aja a partir de um lugar interno de confusão, frequentemente buscando o tipo errado de pessoa. Quaisquer que sejam seus defeitos, aceite-os e trabalhe com eles – sem perpetuá-los. Ficar se lamentando com os amigos, perguntando se você vai ser capaz de amar outra vez, não só não faz você se sentir melhor como também deixa eles esgotados. Pode perguntar ao Brett.

DESAFIO DA NÃO-RECLAMAÇÃO

Embora o aforismo "Não fale sobre partes do corpo machucadas" normalmente enfatize a recomendação de não falar sobre os defeitos dos outros, muitos de nós têm uma tendência de chafurdar na nossa própria tristeza e usar nossa fala para manter vivas as histórias sobre ela. Isso é normalmente chamado de "reclamação". Nós não sabemos como nos relacionar com a nossa ansiedade, então em algum nível temos a esperança de que reclamar (com quem quer que nos escute) vá fazer com que ela desapareça.

Eu quero te desafiar a fazer um voto de não reclamar por três dias. A reclamação drena a sua força vital e não passa nem perto de ser um meio hábil de lidar com a situação sobre a qual você está falando. Resumindo: reclamar não resolve nada, só faz você se sentir mal e perpetua as histórias mentais que estão te perseguindo.

Se você está tendo dificuldade com a sua chefe no trabalho, por exemplo, em vez de ficar o tempo todo falando sobre isso com seus colegas de quarto, amigos e amigas, peguetes, cachorro, vizinhos e familiares, apenas note essa tendência e retorne ao momento presente. Se quiser trazer bastante disciplina para esse desafio, você pode se comprometer a fazer uma doação para uma instituição beneficente de que você gosta (ou, caso você seja masoquista, uma que você detesta) a cada vez que você reclamar. Se tiver que dar cinco dólares para a Associação Nacional de Rifles sempre que você comentar sobre como sua chefe é chata, pode ser que sua tendência de reclamar morra mais facilmente.

Quando você cometer um erro e acabar reclamando, não se puna. Normalmente nós temos tão pouca consciência de quão frequentemente usamos nossa fala dessa maneira que isso pode ser considerado uma grande vitória: você está aprendendo a abandonar os padrões de fala negativos, que te mantêm em uma prisão de estresse, e caminhando rumo a uma vida de mais liberdade no longo prazo.

27. LIDANDO COM AS SUAS QUESTÕES DIRETAMENTE

Primeiro, lide com as maiores impurezas.

- Atisha Dipamkara Shrijnana

Em um esquete excelente do programa *Saturday Night Live*, o ator Adam Sandler interpretava o chefe de uma agência de turismo chamada Romano Tours. Ao anunciar seus pacotes de férias para a Itália, ele fala sobre as oportunidades maravilhosas de diversão e relaxamento, e então diz: "Mas lembre-se: você ainda vai ser você durante as férias. Se você está triste onde está agora e entrar em um avião para a Itália, na Itália você ainda será a mesma pessoa triste de antes". Eu adoro isso, porque ele está inadvertidamente mostrando que, não importa o quanto nós tentemos fugir de nós

mesmos, em algum momento vamos precisar reconhecer que a nossa mente é a nossa mente, não importa onde estejamos. Sentindo ansiedade em casa? Vai sentir ansiedade na Itália. Você é a mesma pessoa.

Pode ser que as histórias sobre o que está nos estressando, que nós carregamos de um lado para o outro, mudem diariamente – mas o ato de se preocupar excessivamente e se perder em meio à ansiedade permanece conosco. Sempre haverá coisas novas para nos preocuparmos: o chefe difícil, a vida amorosa indo por água abaixo ou um plantão de notícias recheado de gatilhos emocionais. Para estar presente com a nossa mente e desenvolver mais clareza e sanidade, nós precisamos olhar debaixo da história do dia e lidar diretamente com a própria ansiedade.

Quando Atisha diz "Primeiro, lide com as maiores impurezas", ele está se referindo ao nosso maior obstáculo no caminho de despertar para a realidade tal qual ela é. Talvez para algumas pessoas isso seja impaciência ou agressividade, mas, se você está lendo este livro, eu suponho que o seu seja a ansiedade.

Embora existam muitas escolas de budismo, eu cresci dentro de uma tradição que enfatiza muito os ensinamentos Vajrayana. *Vajra* pode ser traduzido do sânscrito como "indestrutível" e *yana* significa "caminho" ou "veículo". O elemento indestrutível ao qual o termo se refere é a nossa própria despertez. Debaixo do estresse e do medo jaz a nossa bondade inata, a nossa paz, apenas aguardando para ser descoberta. A forma de desenvolver um relacionamento profundo com a nossa despertez é nos aproximando do que quer que surja no nosso dia como sendo parte da jornada espiritual.

O caminho Vajrayana é marcado por essa aproximação dos nossos obstáculos. Em outras palavras, seja qual for a situação estressante que tenha surgido na sua vida, você pode pensar: "Ah, ótimo! Uma coisa nova que vai me ajudar a lidar com essa minha velha impureza, a ansiedade". Quando adotamos essa atitude, pode ser que pareça algo meio forçado no início, mas, ao longo do tempo, surge uma certa qualidade lúdica e nós rimos de nós mesmos. Percebemos que a história ansiosa de hoje não é tão diferente da de ontem ou da de anteontem. Elas são manifestações do fato de não olharmos diretamente para a ansiedade e não buscarmos conhecê-la de perto.

Quando você lida diretamente com o seu estresse e com a sua ansiedade, tratando-os em primeiro lugar como o propósito da sua jornada espiritual, você está aprendendo a não evitar quem você é. Você sente o que sente, sem se julgar quando surge a ansiedade, e pode sentar-se com ela, como se fosse um velho amigo que faz fofoca e só fala trivialidades. Você não encoraja esse amigo, apenas observa calmamente e espera que ele se acalme. Depois que a ansiedade tiver se exaurido, ela costuma pedir licença e ir embora. Mas primeiro você precisa aprender a ficar com ela, senti-la e não encorajá-la a continuar com as histórias do dia.

Se você ainda está lendo este livro, isso me mostra que você está levando a sério a ideia de lidar com esse grande obstáculo/impureza – isso se tornou uma prioridade. Caso você ainda não tenha começado a meditar, por favor, comece. A meditação é *a ferramenta* que vai te ajudar a sentar à mesa com a sua ansiedade e enxergá-la pelo que ela é, sem se permitir soterrar

por ela. Caso você já esteja meditando, por favor, considere deixar o livro de lado por dez minutos agora mesmo e ficar com a sua mente, focando na respiração. Crie um compromisso de olhar para a sua ansiedade e conhecê-la tão bem que ela não mais tenha controle sobre você. Várias gerações de praticantes de meditação fizeram isso antes de você e estão apenas esperando que você se junte a elas.

28. PARE DE SE FIXAR NO QUE NÃO TE SERVE

Abandone as comidas venenosas.

- Atisha Dipamkara Shrijnana

Ao longo da nossa jornada juntos, deveríamos continuar a refletir sobre uma escolha que está sempre disponível para nós: podemos focar nossa energia mental no que quer que esteja nos estressando em algum dia ou podemos focá-la em encontrar contentamento no momento presente. Eu sei que você já fez essa escolha antes: seu interesse é na parte do contentamento. O que Atisha está nos pedindo aqui é para fazermos o trabalho árduo de abrir mão de verdade desses pensamentos ansiosos, a fim de repousar nesse estado pacífico.

Talvez você esteja pensando: "É óbvio que eu quero abrir mão da ansiedade, Lodro. Mas não é tão fácil assim". Em uma série de TV pouco conhecida chamada *The Grinder*, Rob Lowe faz um ator que durante oito anos interpretou um advogado na televisão – e por isso acredita que pode advogar na vida real. Isso o leva a fazer uma série de coisas meio maníacas que funcionam na TV, mas não são adequadas para um tribunal de verdade.

Minha situação favorita dentre essas é quando o personagem dele começa a usar um bordão específico: "Mas, e se não fosse?" Se alguém estivesse falando "É impossível fazê-los testemunhar", ele aparecia do nada e dizia, enigmaticamente: "Mas, e se não fosse?"

Imagine que você acabou de sair do trabalho e precisa tomar um drinque depois de uma semana brutal. Você chega em casa e seu companheiro ou companheira pergunta como foi o seu dia, mas você apenas faz um gesto qualquer antes de seguir para o outro cômodo e trocar de roupa. Durante todo o trajeto da volta, você se perdeu em meio à ansiedade de não saber se vai conseguir o tal cliente e se isso vai te ajudar a subir na carreira, ou se não conseguir esse negócio significa que você está correndo o risco de perder o emprego. Em momento algum você prestou atenção à viagem, à sua companheira ou companheiro, ou mesmo ao gesto de tirar a roupa – e agora você está sem roupa no meio do quarto, pensando: "Nossa, minha noite foi dominada por essa questão do trabalho".

Mas, e se não fosse?

Simplesmente fazer essa pergunta internamente pode te retirar dessa perspectiva obstruída. O que eu estou te pedindo para fazer aqui é soltar a sua noção de que a ansiedade é um tipo de monstro impossível por aí, que consegue entrar na sua mente e fazer de você o que quiser, quando quiser. Por exemplo, talvez você esteja se agarrando à sua ansiedade, pensando: "Eu preciso me manter em guarda, senão não vou fazer nada direito. É assim que as coisas são". Mas, e se não fosse? Você é capaz de pelo menos imaginar um mundo no qual a ansiedade só receba 10% da sua energia mental, em vez de 90%? Como seria esse mundo?

O aforismo relacionado a essa noção é "Abandone as comidas venenosas". Eu imagino que no século XI deviam existir vários tipos de comidas realmente venenosas contra as quais Atisha poderia nos alertar. Mas, neste caso, aquilo a que ele está se referindo (o verdadeiro veneno) é a nossa própria fixação, que nos impede de permanecer com a realidade tal qual ela é.

Quando nós gastamos toda a nossa energia mental nos fixando no que quer que esteja atualmente nos causando dor, estamos lentamente envenenando nossa mente e nosso coração. Se você se fixar na ansiedade do dia, na sua inveja daquela pessoa no trabalho ou na raiva que sente de algum político, você está se envenenando com emoções negativas, o que te impede de permanecer com o momento presente.

Em um nível mais profundo, esse aforismo pode se referir à noção de ausência de ego, da qual nós falamos mais cedo. As maneiras pelas quais nós nos fixamos em "mim" e "minhas questões", sem nos aproximar da nossa experiência do momento presente, nos mantêm reificando os ciclos de dor que viemos perpetuando há décadas. A meditação, enquanto prática, não tem a ver com "autoajuda" no sentido clássico – na verdade, de uma perspectiva absoluta, meditação é um processo de desfazer o senso de "eu", que inclui as fixações que

nos impedem de ser quem somos e permanecer abertos para as pessoas ao nosso redor.

Os ensinamentos budistas não nos convidam a tentar nos aprimorar ou ser grandiosos, mas sim a desfazer as histórias que contamos a nós mesmos sobre como precisamos ser grandiosos ou porque precisamos alcançar certas coisas antes de ser felizes. Nós estamos sendo convidados a abrir mão de tudo isso. Podemos abrir mão da nossa fixação: nossa busca e nosso anseio por coisas que são impermanentes ou que simplesmente não vão acontecer – esse padrão negativo habitual apenas vai nos causar mais sofrimento.

Em suma, a prática é notar quando você estiver contando a si mesmo um monte de histórias e retornar para o momento presente. Talvez agora você diga: "Quando a ansiedade me fisga? Isso é impossível". Mas, e se não fosse?

Da próxima vez em que você estiver sem roupa no meio do quarto, perdendo-se em meio a uma história sobre o trabalho e sem ter a menor ideia de como chegou ali, faça uma pausa. Respire. Separe alguns instantes para notar três coisas no seu ambiente. Tem aquele belo abajur que você comprou há muitos anos e do qual ainda gosta tanto. Você ouve seu cachorro roncando no canto do quarto e isso aquece o seu coração. A luz do Sol está tocando a sua pele e isso traz uma sensação agradável. Pronto. Simplesmente vendo o que você é capaz de apreciar no momento presente, você já mudou sua energia mental da fixação para a gratidão.

Ao sair do furacão da ansiedade, você tem uma oportunidade. Você pode redirecionar seu gasto de energia mental da fixação para algo novo: vá até o outro cômodo e pergunte ao seu companheiro ou companheira como foi seu dia, ligue para saber como está aquele amigo, saia desse foco exclusivo em si e leve os outros em consideração. Esse intervalo de um instante é suficiente para percebermos que temos escolhas a respeito de como queremos seguir. A ansiedade é predestinada a dominar o resto da sua vida – mas, e se não fosse? E se, em vez disso, você repousasse nesse intervalo e se conectasse com o seu coração aberto? A cada momento e a cada intervalo, nós estamos treinando viver uma vida menos ansiosa e mais significativa.

29. BANDAS DE ROCK E PONTOS DOLOROSOS

Não leve as coisas a um ponto doloroso.

- Atisha Dipamkara Shrijnana

Quando adolescente, eu era muito fã da banda Third Eye Blind. Na verdade, ainda sou! "Jumper", embora não fosse a mais otimista das músicas deles, tinha o refrão mais inesquecível: "*I wish you would step back from that ledge my friend*"[5]. Sempre que eu vejo alguém dentre os meus alunos de meditação pronto para entrar na toca do coelho da ansiedade e perder uma hora ou um dia repetindo as mesmas três histórias, eu ouço esse verso soando na minha cabeça. Ah, se essa pessoa se afastasse do parapeito!

O momento antes do salto é quando Atisha pode nos ajudar. Nós não queremos causar dor a nós mesmos, certo? Bom,

---

[5] "Eu queria que você se afastasse desse parapeito, meu amigo", em tradução livre (N.T.).

ele diz, então que tal não levar as coisas a um ponto doloroso? Em outras palavras, se não formos capazes de ficar com a realidade tal qual ela é, pelo menos não nos permitamos perder a cabeça por conta de algo que não parece ser útil para nós. Esse aforismo específico tem a ver com a qualidade do empenho: nós precisamos nos empenhar em não cair nos mesmos padrões habituais que sempre nos causam dor.

No budismo existe um termo para quando nós nos empenhamos em abandonar o que não nos serve mais: renúncia. Normalmente esse conceito é apresentado como o abandono de posses materiais – e, se as suas roupas, seus livros e seu computador estiverem te impedindo de despertar para a realidade tal qual ela é, pode ir fundo e se livrar deles. Mas, para a maioria de nós, o que nos impede de sermos pessoas despertas e sãs é o nosso pensamento obsessivo, nossa inveja, nossa raiva e por aí vai. Nós deveríamos renunciar a quaisquer tendências negativas que nos impeçam de sermos mais abertos e compassivos.

Quanto mais nos afastarmos do parapeito quando estivermos em nossa almofada de meditação, mais iremos descobrir que somos capazes de fazer isso em nossa vida cotidiana. Quando causamos menos dor a nós mesmos, é menos provável que acabemos infligindo nossa dor reprimida nas pessoas ao redor, o que significa que nossa vida fluirá de forma mais suave.

Falando nisso, essa é a outra maneira de interpretar esse aforismo: nós não deveríamos levar as coisas a um ponto doloroso em nossos relacionamentos. Muitas vezes, quando estamos lidando com uma pessoa difícil na nossa vida (que pode ser até mesmo nosso companheiro ou companheira), nós acabamos encurralando-a, como um lutador de boxe à procura de uma brecha para mostrar a que veio.

Por exemplo: quando você está com uma pessoa do trabalho, você traz à tona aquela coisa vergonhosa que ela fez há dois anos e da qual ela esperava que todos já tivessem se esquecido. Durante um encontro de família, você comenta sobre aquela coisa tenebrosa que o seu parente fez vinte anos atrás e que todo mundo finge não lembrar. Em um programa com sua companheira ou companheiro, você deixa escapar (de forma aparentemente bem-humorada) uma falha dele ou dela, ciente de quão dolorosa foi essa experiência. Outra possibilidade, com essa mesma pessoa, é fazer qualquer afirmação que inclua "Claro que faz. Você é igual à sua mãe".

O aforismo "Não leve as coisas a um ponto doloroso" pede para nos abstermos de perpetuar o sofrimento (tanto nosso quanto dos outros), para que possamos nos afastar do ponto doloroso e nos aproximar de um espaço de entendimento e compaixão. Quando levamos esse conselho em consideração, estamos dizendo que levar as coisas a um ponto doloroso é a antítese de um comportamento compassivo. Nós não deveríamos buscar humilhar ou denegrir as pessoas – além de elas se sentirem mal, qualquer sentimento temporário de superioridade que possamos ter some depois de algum tempo, nos deixando apenas com a culpa e com a vergonha. Renunciando à nossa tendência a mais uma cutucada, a mais um comentário ácido e a mais uma resposta no post do Facebook, nós estamos nos afastando da dor e da ansiedade e nos aproximando da liberação.

Você pode simplesmente notar qualquer tendência sua de mexer no vespeiro (seja na sua própria mente ou nos seus relacionamentos) e fazer a prática absurdamente simples de não agir dessa forma. Só isso!

    É fácil falar, eu sei. Mas o negócio é o seguinte: você é o Karatê Kid. No filme, ele treina centenas de vezes uma série de tarefas domésticas – que seu mentor depois revela serem na verdade golpes de caratê. Da mesma forma, na prática da meditação, você se senta, percebe quando se distrai e retorna para o agora, criando um pequeno intervalo entre suas histórias estressantes e o impulso de agir a partir delas.

    Agora você pode praticar esse mesmo intervalo que vem desenvolvendo na almofada de meditação no restante da sua vida, permitindo que suas reações surjam e se dissolvam sem precisar fazer nada a respeito delas. Em vez disso, embora isso ainda possa parecer estranho, você pode fazer uma pausa e simplesmente ficar presente com a sua experiência. Após ter repousado nesse intervalo, você pode até mesmo ver se é capaz de ser gentil com a outra pessoa, fazendo um elogio ou agradecendo por algo que ela tenha feito no passado. Isso desarma tanto você quanto ela e transforma drasticamente a dinâmica entre vocês. Ao se afastar da ansiedade, você se torna ágil e hábil em lidar com o oponente diante de você, levando a situação de um ponto de tensão e dor para um lugar envolto em compaixão. Igual ao Karatê Kid.

30. CONSELHOS PARA COMEÇAR E PARA TERMINAR O DIA

Duas atividades: uma no começo, outra no fim.

— Atisha Dipamkara Shrijnana

Ninguém acorda querendo entregar seu dia de mão beijada para a ansiedade. Ainda assim, é o que muitos de nós fazemos. Se alguns dos outros conselhos de Atisha sobre o conceito de vacuidade soaram meio abstratos, nesse aqui ele está nos oferecendo uma ajuda muito prática: comece e termine cada dia com um instante de prática para abrir o coração.

Vamos fingir que você acorda de manhã e imediatamente pega seu celular, checa suas mensagens e e-mails e descobre que alguém já está pedindo sua atenção. Isso te leva a um ciclo de ansiedade e sua lista de afazeres começa a virar uma bola de neve. Você ainda nem colocou os pés no chão, mas já está boiando em direção a um abismo estressante de pensamentos do tipo "E se...".

Vamos fazer um Dia da Marmota aqui e começar de novo. Você acorda de manhã e, antes mesmo de tocar no celular, faz uma respiração profunda e entra em contato com o seu corpo. Escaneando da sola dos seus pés até o topo da cabeça, você percebe onde existe alguma tensão e gentilmente relaxa esses músculos. Você contempla sua gratidão pela bondade que existe na sua vida. Você separa alguns instantes para pensar nas pessoas de quem você gosta e despertar seu coração, entrando em contato com a sua bodhichitta. Você pode até definir uma intenção: "Eu vou levar minha atenção plena e minha compaixão para o restante do meu dia". Aí sim você olha para o seu celular.

Com um ou dois minutos de prática, você já preparou seu dia para seguir em uma direção diferente. Você está relaxando com a realidade tal qual ela é, permanecendo no seu corpo e repousando no momento presente. Você está se conectando com seu próprio coração aberto. Essas ações te trazem força e resiliência para que, quando os gatilhos de estresse surgirem no caminho (e eles vão surgir!), você possa não se abalar tanto com eles. Começar seu dia com bodhichitta é a primeira parte do conselho de Atisha quando ele diz: "Duas atividades: uma no começo, outra no fim".

A atividade no fim do dia é a reflexão. Quando estiver escovando os dentes e se preparando para ir dormir, você pode separar um instante para se perguntar: "O quanto eu fui capaz de viver a partir de um lugar de atenção plena e compaixão?" Se você teve um dia em que genuinamente se conectou com bodhichitta e conseguiu ter gentileza e compaixão com as pessoas ao seu redor, maravilha! Fique alegre com isso. Permita-se sentir a bondade de ter realmente se empenhado em uma direção positiva. Se você parar de escovar os dentes e pensar: "Eu desisti dois minutos depois de checar meus e-mails", amanhã é um novo dia. Você pode tentar de novo.

A parte legal desse aforismo é que ele é uma prática diária que nós podemos repetir ao longo do tempo para que, gradualmente, a cada momento, nós estejamos alinhando nossa energia mental com a nossa presença e o nosso peito aberto, em vez de constantemente ceder à ansiedade e ao estresse.

Conforme seguimos rumo à parte final do livro, vamos passar do caminho Mahayana da compaixão e da vacuidade para o caminho Vajrayana, que enxerga a nossa vida a partir de uma perspectiva sagrada. Antes de vermos como lidar com a ansiedade em diversas situações, eu quero ressaltar que esses aforismos podem e devem ser revisitados regularmente. Nós podemos escrever um deles em uma nota adesiva e colocar em algum lugar onde vejamos o tempo todo, ou escrever um em cada dia do calendário para lembrarmos de contemplar todos. Esses aforismos oferecidos por Atisha há centenas de anos podem ser concisos, mas, se nos dedicarmos a eles, vamos descobrir que estão repletos de conselhos práticos e bem pé no chão sobre como viver uma vida mais significativa e desperta.

PARTE QUATRO
BOTANDO A MÃO NA MASSA: APLICAÇÕES PRÁTICAS PARA SEU ESTILO DE VIDA ANSIOSO

31. BOTANDO A MEDITAÇÃO NA MASSA

A atenção plena não é algo difícil – nós só precisamos lembrar de fazer.

- Sharon Salzberg (A real felicidade: O poder da meditação)

O conceito de atenção plena pode, às vezes, ter uma certa má fama, porque é uma atividade voltada para dentro. Se você tiver atenção plena à sua respiração, ou à sua comida, ou ao seu banho... só faz diferença para você, certo? A resposta é sim – mas só se você tiver conseguido se isolar completamente. No momento em que você termina essa atividade e vai para a academia, ou entra em uma loja de roupas, ou abre suas redes sociais, você tem a tarefa e o desafio de aplicar a atenção plena nas suas interações com os outros. Então a pergunta se torna: em vez de pirar na ansiedade, será que somos capazes de desacelerar e tratar nosso dia com o respeito que ele merece?

Nesta parte, nós vamos olhar para os pequenos detalhes do nosso dia (especialmente aqueles que podem ativar estresse e ansiedade) e ver se conseguimos utilizar nossa atenção plena e nossa compaixão nessas situações, a fim de viver uma vida mais pacífica. A mudança fundamental em relação ao nosso processo anterior é que, em vez de olhar para a ansiedade como um problema, nós vamos considerá-la parte do nosso caminho espiritual. A perspectiva do Vajrayana é que nós podemos transmutar nossa experiência, passando a ver a ansiedade como uma oportunidade sagrada, em vez de como um obstáculo. Nós veremos como é possível dar um passo atrás em meio ao nosso ímpeto habitual e à nossa maneira de fazer as coisas e, em vez disso, repousar na nossa natureza búdica, a nossa despertez inata. Por meio da nossa prática de meditação, estamos aprendendo a dar um passo atrás e repousar no espaço, a fim de entender melhor como caminhar com o restante da nossa existência a partir da nossa habilidade de apreciar o quão mágica a vida realmente é.

Através da prática fundamental da meditação, como um sinal de rádio, nós começamos a nos sintonizar com a nossa própria vida. Nós percebemos a vibração e a beleza de estar presente. Quanto mais treinamos em permanecer presentes, mais conseguimos ter discernimento em relação às pessoas com as quais passamos nosso tempo, às maneiras de nos relacionarmos com o nosso trabalho, nossa forma de viajar e até mesmo nossas transações financeiras. Nós aprendemos que somos o suficiente, temos o suficiente e somos inerentemente despertos – e que, por debaixo de quaisquer camadas de ansiedade que possamos ter em um ou outro dia, nossa bondade básica está presente e instantaneamente pronta para brilhar como o Sol.

Às vezes, para poder trazer esses princípios para a sua vida, basta não obstruir o seu próprio caminho. *Prajna* é um termo em sânscrito que pode ser traduzido como "sabedoria", mas de forma mais direta seria "entendimento superior". É o tipo de entendimento que ocorre quando somos capazes de relaxar nosso ego e ficar presentes com as coisas como elas são, em vez de como nós achamos que elas seriam ou como suspeitamos que elas deveriam ser.

Quando conduzo uma prática de contemplação na minha comunidade online, normalmente eu começo convidando todas as pessoas a ficar alguns minutos assentando a mente por meio da atenção à respiração. Essa prática nos permite relaxar com o momento presente. Quanto mais formos capazes de relaxar com as coisas como elas são, mais claramente vamos conseguir ouvir aquela vozinha dentro de nós. Prajna é a sabedoria que está presente quando paramos de obstruir nosso próprio caminho e passamos além da mente pensante.

Quando prajna preenche nossa atenção plena e nossa compaixão, ela se torna algo extraordinário e transcendente. Quando almejamos ser generosos, estamos removendo o "eu" da equação e simplesmente nos sintonizamos com o que está acontecendo e com as formas de beneficiar os outros. A sabedoria surge quando somos capazes de simplesmente ficar com as coisas como elas são. Quando abrimos espaço para a nossa sabedoria, aprendemos a nos disponibilizar para o mundo de uma forma que é significativa e benéfica, tanto para nós quanto para os outros.

Uma analogia tradicional no budismo é que a sabedoria e a compaixão são como as duas asas de um pássaro – nós precisamos de ambas para voar. Quando nós nos conectamos com a nossa mente de sabedoria, tornamo-nos não apenas mais hábeis

em nossas atividades, mas também mais compassivos. Lembra quando eu comentei sobre minhas caminhadas meditativas pelo bairro? Às vezes eu percebo que a forma mais fácil de abrir mão das minhas narrativas autocentradas e parar de obstruir o meu próprio caminho é olhar ao redor e levar em consideração os desconhecidos passando por mim. Como prática formal, você pode simplesmente permitir que o seu olhar repouse em alguém e fazer a seguinte aspiração: "Que você seja feliz". Veja como você se sente ao fazer isso para alguém com quem você talvez nunca converse. Pode ser que comecem a surgir alguns pensamentos sobre o que significa a felicidade para aquela pessoa – nesse caso, basta direcionar seu olhar para outra pessoa e repetir a aspiração. Nós não precisamos nos perder em meio às nossas histórias sobre as pessoas: a prática aqui é simplesmente estarmos abertos e presentes para o maior número possível de pessoas e apreciarmos a oportunidade sagrada de nos abrir para o mundo ao redor.

Nessa situação, nós estamos saindo de uma estrutura autocentrada e incluindo as muitas pessoas em volta. Caso você queira se sentir muito mal, basta focar a maior parte da sua atenção nas suas próprias dificuldades. Caso você queira ser feliz, leve em consideração as pessoas desconhecidas ao seu redor. Um velho ditado diz que um desconhecido é apenas um amigo que você ainda não conhece. Embora pareça meio clichê, isso pode ser verdade. Talvez nós nunca cheguemos a conhecer essa pessoa ou a compartilhar longas histórias sobre nossas infâncias, mas nós podemos cultivar um coração amigo em relação a todo mundo ao nosso redor. Na pior das hipóteses, ao utilizar nossa mente de sabedoria nos momentos simples da nossa vida, nós abandonamos nossas narrativas estressantes e ficamos mais disponíveis para o restante do nosso dia.

32. QUANTO MAIS DINHEIRO, MAIS ANSIEDADE

De modo geral, nós deveríamos enxergar o dinheiro como o leite materno... muito precioso. Ao mesmo tempo, o leite materno pode ser doado e nós podemos produzir mais dele. Portanto, não precisamos nos apegar com muita força.

- Chögyam Trungpa Rinpoche
(Trabalho, sexo, dinheiro)

Eu nunca conheci uma pessoa sequer que não tivesse algum estresse ou ansiedade na sua relação com o dinheiro. Todos nós possuímos padrões que herdamos inconscientemente de nossos pais ou responsáveis. Temos nossas formas de gastar dinheiro, que se desenvolvem ao longo do tempo. Alguns de nós carregamos até mesmo uma certa vergonha secreta sobre o quão generoso somos (ou deixamos de ser), sobre apoiarmos financeiramente instituições que não

são exatamente benéficas para o meio ambiente ou para seus funcionários. Se você puder encontrar uma pessoa que tem uma compreensão absolutamente clara de como cada centavo que ela gasta afeta a economia e, ao mesmo tempo, se mantém intuitivamente em contato com a forma como ela se sente em relação a cada transação financeira, eu adoraria conhecê-la.

Entretanto, nós não podemos ignorar a nossa relação com o dinheiro apenas porque talvez ela gere ansiedade. Em vez disso, podemos abordar nossa compreensão de dinheiro e riqueza a partir de uma perspectiva de curiosidade e generosidade. Você se lembra do capítulo 2, quando nós analisamos os três campos dos pensamentos ansiosos (pessoal, interpessoal e social)? Da mesma forma, vamos olhar para a nossa relação interna com o dinheiro, como podemos utilizá-la para beneficiar os relacionamentos na nossa vida e, em seguida, explorar como nossas decisões financeiras afetam de fato a sociedade.

PESSOAL

Por um longo período, quando eu ia a um caixa eletrônico sacar dinheiro, eu sentia uma onda de ansiedade. Ao término da transação, quando aparecia o saldo da minha conta, eu tampava com a mão para não ver. Esse é o cúmulo da ignorância intencional: literalmente esconder-se da própria realidade financeira, na esperança de que ela desapareça ao toque de um botão.

É claro que eu percebi que a minha relação com essa situação cotidiana era absurdamente neurótica e busquei trabalhar isso. No meu caso, isso significa analisar regularmente minhas transações bancárias do conforto da minha casa (em vez de receber essa notícia com uma fila de desconhecidos atrás de mim) e acompanhar minhas receitas e despesas com o celular, para poder me manter dentro de um orçamento. Mas o fato de que isso funciona para mim (que tenho uma mistura única, cultivada ao longo de décadas, de mentalidade de escassez e gostos hereditários refinados) não significa que vai funcionar para você e para a sua relação com o dinheiro.

A ideia aqui é que cada um de nós precisa ter uma relação com o dinheiro que seja baseada na realidade. Do ponto de vista do veículo básico, isso significa lidar com o nosso relacionamento com o dinheiro para que ele não cause danos a nós ou às pessoas ao nosso redor. Alguns de nós gastamos enormes quantias de grana sem entender como. Outros foram supertreinados a contar os centavos e têm medo de gastar dinheiro por temer nunca mais ganhar nada. Como afirma a citação de Chögyam Trungpa Rinpoche que abre este capítulo, nós podemos perceber que dinheiro é algo incrivelmente precioso, só que bem mais fluido e transiente do que normalmente imaginamos. Não faz sentido ir aos extremos da nossa relação com ele! Para afrouxar o domínio desses padrões sobre nós, deveríamos olhar para eles ao perceber que estamos caminhando rumo a uma ou a outra das pontas do espectro.

Como já foi mencionado nos capítulos anteriores, a meditação é uma ferramenta incrível para o cultivo do discernimento. Você já deve ter percebido que, quando está meditando, é capaz de notar a mesma narrativa surgir centenas de vezes seguidas. Por exemplo: você se senta para meditar em uma manhã de domingo e, dentro da sua mente, começa a repassar a cena de assumir a conta absurda do bar. Em vez de voltar para a meditação na respiração, você imediatamente entra no modo autoagressão e ansiedade, se punindo: "Que imbecil! Por que você pagou as bebidas de todas aquelas pessoas? Você nem conhece elas! Agora como você vai fazer para pagar o aluguel?" Em algum momento, você percebe que se distraiu e retorna para estar presente com a respiração. Então pode ser que a mesma narrativa surja novamente, ou então ela pode estar ligeiramente mudada: "Você pegou táxi para ir e para voltar ontem à noite?! De onde você acha que vai surgir o dinheiro para isso?"

Depois de se criticar e voltar para o momento presente várias vezes, pode ser que em algum momento você perceba: "Eu não gosto quando gasto dinheiro assim. Isso me traz ansiedade. Talvez eu não devesse fazer isso". Depois que tivermos o discernimento de que queremos eliminar alguma atividade específica, podemos empregar nossa disciplina para fazer isso.

Além de cultivar bons padrões, também precisamos perceber que o dinheiro não vai nos trazer felicidade eterna. Não é como se a gente tivesse uma certa quantia e dissesse: "Ah, ótimo. Agora está tudo certo e eu nunca mais preciso pensar sobre grana". Para muitos de nós, dinheiro é algo que ocupa um grande espaço mental ao longo dos anos, e a nossa ideia do que é "suficiente" se transforma e muda. Portanto, outro aspecto importante na reflexão sobre a nossa relação pessoal com o dinheiro é enxergar quais são as nossas expectativas quanto a ele.

Se nós basearmos nossa vida na noção de que "Eu vou ser feliz quando..." e completarmos a frase dizendo "tiver X no banco" ou "puder comprar uma casa", estamos fadados a viver uma vida marcada pela ansiedade. A felicidade não é algo que pode ser adquirido por meio de algum ganho financeiro e muito menos algo que o dinheiro pode comprar para nós. Nós precisamos olhar para o nosso relacionamento pessoal com o dinheiro para enxergar além dessa falácia e utilizá-lo para beneficiar os outros.

INTERPESSOAL

Na tradição Mahayana, diz-se que a generosidade é a virtude que produz a paz, porque ela nos liberta de pensar apenas em nós mesmos e nos abre para a possibilidade de considerar o bem-estar dos outros. Existem inúmeras formas de expressar a generosidade, desde oferecer nosso tempo (para um vizinho que precisa de ajuda para transportar os móveis, por exemplo) até disponibilizar nossos recursos, como emprestar o carro para alguém que quer ir visitar os pais.

Muitas vezes, quando pensamos em generosidade, pensamos em oferecer dinheiro. Após discernir (mesmo que só um pouquinho) o que gostaríamos de cultivar e o que gostaríamos de eliminar da nossa vida, provavelmente temos um senso de como gostamos de gastar o nosso dinheiro. Nós nos sentimos mal quando compramos sapatos caros que nunca vamos usar. Mas, quando oferecemos alguns trocados a alguém em situação de rua, nos sentimos bem. Dessa forma, podemos criar o compromisso de fazer menos a primeira coisa e mais a segunda, focando na generosidade na hora de nos relacionarmos com o dinheiro.

Além de doar para instituições filantrópicas que acreditamos beneficiar a sociedade, todo dia nós somos colocados em situações nas quais precisamos olhar para o quão generosos queremos ser. Toda vez que pagamos uma conta no restaurante, que nos deparamos com uma caixinha de gorjetas na lanchonete ou pedimos para fechar a conta no bar, passamos por um momento no qual somos convidados a contemplar o quão generosos queremos ser.

A generosidade não é uma equação na qual você dá alguma coisa e então se sente bem por ter agido "corretamente". Ela é uma situação na qual vamos um pouco além da nossa zona de conforto, reconhecendo que talvez a outra pessoa esteja precisando de algo e fazemos uma oferta de coração aberto. Generosidade não é algo limitado a dinheiro – mas eu já vou avisando que, se você tentar dar um abraço como gorjeta para o garçom, talvez ele te olhe com uma cara estranha.

SOCIAL

Por fim, existe a verdade básica de que, seja como for que gastemos o nosso dinheiro, geramos impacto no mundo ao nosso redor. Se eu entro em um bar e peço um uísque Auchentoshan, puro, eu não estou apenas pagando por um copo de (um belíssimo) uísque. Eu estou apoiando um negócio local – o bar do meu bairro, em vez da meia dúzia de outros bares por perto – para que os donos desse estabelecimento possam separar algum dinheiro para pagar o aluguel. Estou dando uma gorjeta para um barman que provavelmente trabalha em vários empregos para sobreviver. Eu estou apoiando todas as pessoas que contribuíram para a existência dessa bebida fantástica, desde as que a fabricaram na destilaria em Clydebank, na Escócia, até as que fizeram a entrega no bar alguns dias antes.

Isso não acontece apenas com a minha escolha de bebidas, mas com cada um de nós a cada compra que fazemos – seja uma camiseta, que pode ser confeccionada de forma decente ou produzida por trabalho infantil, um hambúrguer cujo pedido afeta as vacas e os fazendeiros e o nosso ecossistema como um todo e até mesmo sua escolha de comprar este livro, que afeta minha capacidade de produzir este tipo de obra no futuro. Cada compra que fazemos é um momento de conexão com o mundo ao redor, e cada compra pode ter (e provavelmente terá) algum efeito no estado da nossa mente.

Como muitos ensinamentos budistas, a noção de interdependência não é algum tipo de ideia dogmática fantasiosa – é simplesmente a verdade. Nós todos estamos interconectados. Nossas ações afetam os outros seres, o que acaba tendo um efeito cascata por toda a sociedade. Embora eu saiba que isso pode soar intimidador, nós precisamos ir além dessa intimidação para refletir sobre como usamos o nosso dinheiro para sustentar o mundo, de forma que possamos nos sentir bem com isso.

Da próxima vez que você pegar uma conta, que tal separar um instante para notar o tom da sua mente? Você sente um calafrio antes mesmo de abrir? Você se sente bem em relação ao que consumiu? Respire fundo. Olhe para a conta. Continue a se sintonizar com quaisquer emoções que surjam no seu corpo. Algumas podem ter suas raízes em padrões muito antigos. Outras podem parecer novas e surpreendentes. Você

não precisa se sentar para meditar por vinte minutos para fazer isso, basta separar um instante para notar o que surge na sua experiência.

Caso você tenha a oportunidade de oferecer uma gorjeta, perceba qual valor vem à sua mente. Talvez você esteja se sentindo um pouco mão-de-vaca ou talvez esteja com a magnanimidade em alta. Separe alguns instantes para dedicar sua atenção à pessoa para quem você vai oferecer a gorjeta. Veja se você consegue se colocar no lugar dela e imagine como ela vive. Você sente seu coração se abrir para essa pessoa? Ofereça sua gorjeta de uma forma que te ajude a cultivar a generosidade. Perceba o tom da sua mente depois de fazer isso. Eu imagino que a sensação predominante não será a ansiedade. Quando aprendemos a trazer até mesmo as menores transações financeiras para dentro do nosso caminho espiritual, estamos olhando para elas não como algo sujo, mas como nada menos do que formas de despertar a nossa mente e o nosso coração. Essa é a perspectiva Vajrayana: o que quer que surja na nossa vida pode ser uma oportunidade para despertar.

33. UM AMBIENTE DE TRABALHO LIVRE DE ESTRESSE

Rick: Meus parabéns.
Victor: Pelo quê?
Rick: Seu trabalho.
Victor: Eu tento.
Rick: Todos nós tentamos. Você consegue.

- CASABLANCA

Uma área da nossa vida que certamente nos traz estresse é o ambiente de trabalho. Apesar do título deste capítulo, eu não posso te prometer o segredo para ter um ambiente de trabalho livre de estresse, mas existem formas de minimizar nossa ansiedade em relação ao trabalho, de estabelecer limites e até mesmo de sentir-se uma pessoa

bem-sucedida. Será que nós podemos considerar o ambiente de trabalho como parte do nosso caminho espiritual, talvez até mesmo como uma área na qual podemos despertar para a nossa sabedoria inata? Para responder em uma palavra: sim.

Na sociedade norte-americana, às vezes "sucesso" é um termo que indica que alguém está financeiramente bem e, de alguma forma, jogou tão bem o jogo do sistema que chegou ao ponto de não precisar mais trabalhar muito – ou então de apenas fazer um trabalho que ame. Ainda assim, se você perguntar para muitas das pessoas que você admira se elas se consideram bem-sucedidas, talvez as respostas te surpreendam. Muitas estrelas de Hollywood, "líderes intelectuais" com salários enormes e políticos são perseguidos pela mesma insegurança, pela mesma ansiedade e pela mesma preocupação que você. Pode ser que essas pessoas tenham mais dinheiro ou um horário de trabalho mais flexível do que o nosso, mas talvez elas não se considerem "bem-sucedidas" da forma como nós imaginamos.

Mas, então, o que é sucesso? Na minha opinião pessoal, o sucesso na vida profissional é baseado na perspectiva Mahayana segundo a qual nós fazemos o nosso melhor para ajudar as outras pessoas. Se você for para o trabalho com a perspectiva de beneficiar os outros e buscar dar o seu melhor para fazer isso (seja ganhando a vida como caixa de supermercado ou trabalhando no mercado imobiliário), você ainda estará fazendo um bom trabalho. Em vez de definir sucesso como algo que podemos conseguir a partir de fatores externos (seja dinheiro, poder ou coisas que podemos obter através deles), nós podemos pensar nele como sendo um senso de salubridade e deleite por saber que estamos ajudando o mundo ao nosso redor.

Dessa forma, sucesso significa abrir mão das nossas narrativas ansiosas por tempo suficiente para estarmos disponíveis para os outros (colegas, funcionários ou clientes) com um mínimo de respeito e apreço pela nossa humanidade em comum. Até o cliente mais difícil possui a mesma bondade básica que eu e você – reconhecer isso e tentar descobri-la junto da pessoa é um presente que nós podemos oferecer. Quem quer que esteja à nossa frente se torna a pessoa mais importante do recinto, e a melhor forma de servir essa pessoa é sustentar espaço suficiente para que a própria sabedoria e despertez dela se manifestem.

Quando pensamos no escritório como um laboratório no qual nossa compaixão e sabedoria podem reluzir, o trabalho se torna um campo de treinamento para o nosso caminho espiritual. Chögyam Trungpa Rinpoche uma vez disse: "O trabalho também é algo *real*, tanto quanto a prática espiritual. Portanto, o trabalho não precisa ter nenhum significado adicional por trás – ele é a própria espiritualidade". Nós não precisamos encontrar um trabalho perfeito para podermos nos considerar espiritualmente à altura ou finalmente poder ajudar os outros. Basta olharmos para as nossas circunstâncias atuais e, nos mantendo presentes, ver se neste exato momento existem formas de ajudar as outras pessoas. Não precisamos de nada "adicional" por cima de uma prática como essa.

Existe algo muito pé no chão e modesto em olhar para uma situação e simplesmente fazer o que precisa ser feito. Quando eu estava administrando o estúdio de meditação do qual fui

um dos cofundadores, o MNDFL, eu podia ver a equipe de recepção fazendo um trabalho excelente ao acolher os novos alunos, apresentar as instalações e rearrumar as almofadas no ambiente de meditação. Mas logo em seguida eu percebia que a máquina de lavar louças estava apitando e que as canecas limpas precisavam ser guardadas. A melhor coisa que eu poderia fazer naquele momento não era oferecer uma superpalestra sobre meditação ou puxar assunto com alguma aluna para saber como foi a experiência dela. Era esvaziar a máquina de lavar louça. Fazer isso é algo glorioso por si só. No instante em que eu pensasse que sou bom demais para guardar as canecas, eu deveria desistir de ser um professor budista.

Um velho ditado zen-budista diz: "Antes da iluminação, cortar madeira e carregar água. Depois da iluminação, cortar madeira e carregar água". Isso significa que, mesmo depois de alcançar os níveis mais altos de consciência meditativa, você ainda precisa se relacionar com a sua vida cotidiana. Para ilustrar esse ponto, existe uma história em que o mestre zen-budista Shunryu Suzuki Roshi foi abordado por um de seus alunos de meditação, que começou a entrar em muitos detalhes para explicar uma experiência que ele tinha tido de dissolução no espaço. Então ele pediu que seu mestre fizesse algum comentário ou desse algum conselho. Suzuki Roshi disse: "Sim, dá para chamar isso de iluminação. Mas é melhor esquecer essa história. Como vai o seu trabalho?"

Eu sei que, no trabalho, alguns (muitos) de nós lidamos com situações difíceis e pessoas que não têm a menor consideração pelos outros, o que nos estressa. Quando o trabalho estiver nos sobrecarregando, nós não precisamos simplesmente aceitar isso. Mesmo no século XVII, o filósofo jesuíta espanhol Baltasar Gracián já dizia: "Aprenda a dizer 'não'. Não se deve ceder em todas as coisas ou com todas as pessoas. Saber como recusar é tão importante quanto saber consentir". Em outras palavras: o Buda nunca apresentou um sermão chamado "Deite no Chão e Sirva de Capacho". Nós podemos ter compaixão e, ainda assim, estabelecer limites que nos protegem para que não acabemos nos exaurindo.

Quando faço uma palestra sobre esse assunto, normalmente as pessoas me escrevem tentando explicar como a situação profissional delas é única e é simplesmente impossível dizer 'não' para as várias demandas que surgem. Depois de uma longa troca de e-mails, eu descubro que elas não têm conversado sobre isso com seus superiores ou colegas – apenas comigo. Isso é um problema sério, que ignora a realidade do nosso ambiente de trabalho. Digamos que você é uma das dez pessoas em um escritório. Isso significa que você representa dez por cento da sua sociedade profissional. Em qualquer tipo de sociedade, dez por cento é algo poderoso – e, mesmo se nós formos um por cento ou 0,1 por cento, ainda temos voz. Ao nos engajarmos em conversas construtivas, talvez sejamos capazes de transformar nosso ambiente de trabalho.

O próximo argumento que as pessoas costumam apresentar é que, no ambiente de trabalho delas, não há espaço para esse tipo de conversa atenciosa. Às vezes elas chegam a me perguntar: "Como eu faço para evitar os papos negativos e as fofocas?" Minha parábola favorita nesse tópico é sobre um rabino que, sem saber que estava sendo ouvido pelo vizinho, contou uma história sobre um parente que havia sido preso

por roubo. O vizinho achou que o rabino estivesse falando de seu próprio filho e começou a espalhar essa fofoca para quem quisesse ouvir – como você pode imaginar, bastante gente queria ouvir.

Quando foi revelado que, na verdade, a história do roubo não era sobre o filho do rabino, o vizinho veio pedir desculpas e perguntou se havia alguma coisa que ele pudesse fazer para consertar as coisas. O rabino pediu que ele o acompanhasse até o topo de uma montanha, em um dia de ventos particularmente fortes, e lhe entregou um travesseiro. "Pode rasgar o travesseiro", ele pediu. O vizinho obedeceu e as penas começaram a voar pelo ar. "Agora você pode recolher as penas, colocá-las de volta e oferecer a meu filho", ele completou. O vizinho percebeu que era impossível. Da mesma forma, não há como desfazer a fofoca. Eu sempre penso nessa história quando sinto alguma tentação de fofocar, porque sei que na maioria dos contextos é tão difícil desfazer uma fofoca quanto colocar de volta as penas em um travesseiro.

Ao se deparar com alguma fofoca, você pode responder de forma direta, falando algo do tipo: "Desculpa interromper, mas eu não gosto de escutar fofoca" ou "Eu prefiro não ouvir histórias que podem me fazer pensar de forma negativa sobre os nossos colegas". A parte difícil é que talvez você precise se afastar da conversa, caso a pessoa insista em continuar. Como já discutimos no capítulo sobre a armadilha da dúvida, quando não nos sentimos bem em relação a nós mesmos e estamos perdidos em meio à ansiedade, nós acabamos fofocando e falando mal dos outros. Saber como nós podemos ter perpetuado esses comportamentos ruins no passado talvez nos permita ter um senso de compreensão e compaixão pelas pessoas que continuam a cair nesse padrão.

Essas conversas que temos no trabalho normalmente exigem coragem. Para conseguir ir contra uma estratégia coletiva materialista, estressante ou fofoqueira no escritório, nós precisamos trabalhar com a nossa mente e com o nosso coração, para poder estar acima dessa negatividade. Em todas essas situações, nós estamos aprendendo a nos afastar dos gatilhos de estresse por tempo suficiente para nos reconectarmos ao nosso próprio senso de bondade básica. Quando descobrimos nossa bondade inata, nós trazemos nossa própria energia de gentileza, decência e respeito para cada interação que temos, do momento em que entramos pela porta até o último e-mail que enviamos à noite. Se conseguirmos fazer isso, seremos bem-sucedidos – talvez não da forma convencional, mas de uma maneira profundamente espiritual. Desse modo, nós fazemos do nosso ambiente de trabalho um campo de treinamento para transformar o estresse em despertez.

34. COMO NÃO TER A LÍNGUA MAIOR DO QUE A BOCA

O cavalo mais rápido do mundo não é capaz de ultrapassar a palavra dita.

- Provérbio chinês

A perspectiva Vajrayana é a de que tudo o que encontrarmos pode ser tratado como algo sagrado. Frequentemente, o que começa na mente se manifesta em nossa fala e em nossas ações. Se a nossa mente está aberta e presente, nossa fala e nossas ações fluirão de forma dinâmica a partir desse estado. Se a mente tiver sido dominada pela ansiedade, nossa fala e nossas ações se moverão nessa direção. Isso significa que, toda vez que abrirmos a boca, podemos enxergar isso como uma oportunidade de fomentar nossa própria despertar ou deixar a peteca cair e fazer mal a nós mesmos e aos outros.

Tradicionalmente, em relação à nossa forma de nos expressar em uma conversa, o Buda apresentou alguns "nãos". Indo até os primórdios dos ensinamentos fundamentais, ele ensinou o que ficou conhecido como o Caminho Óctuplo, que nos ajuda a despertar do nosso sofrimento. Um dos aspectos desse caminho é conhecido como Sabedoria na Fala, o que significa reconhecer que as palavras podem criar felicidade ou sofrimento – e que nós podemos tentar usar nossa fala de forma benéfica. Isso quer dizer que deveríamos evitar:

- mentiras
- fofocas
- calúnias
- palavras duras
- linguajar abusivo
- discursos que separam as pessoas umas das outras
- discursos inúteis (palavras ditas apenas para preencher o espaço)

Eu imagino que, olhando essa lista, talvez você pense: "Legal, eu não faço muito essas coisas". Mas, quando nós realmente analisamos nosso comportamento, podemos ver que ainda temos bastante trabalho pela frente. Por exemplo: aquela noite em que você chegou bem tarde em casa. Ao ouvir seu pai, mãe, colega de quarto, companheiro ou filho perguntar sobre

o horário da sua chegada, talvez você tenha feito parecer que chegou mais cedo do que na realidade. Ou então uma amiga pode ter te perguntado sobre alguém com quem você já teve uma relação amorosa e você falou algumas coisas que sabia que iriam criar uma imagem particularmente negativa dessa pessoa na cabeça da sua amiga. Essas são apenas duas dentre as milhões de formas que nós temos de nos afastar involuntariamente da Sabedoria na Fala. É por isso que ela é uma disciplina tão maravilhosa para praticarmos há mais de dois mil e quinhentos anos.

Claro que os budistas não têm o monopólio do mercado de boas conversas. Qualquer livro de etiqueta do mundo tem conselhos para nos dar sobre esse tópico. O *Livro de etiqueta da Vogue*, de 1948, embora talvez já seja considerado absurdamente ultrapassado, apresentou uma lista excelente de coisas a serem evitadas, que inclui:

- falar em idiomas que as outras pessoas presentes não entendem

- deixar membros do grupo de fora da conversa

- fazer monólogos autoindulgentes

- escolher assuntos sobre os quais apenas alguns membros do grupo sabem falar

- fazer pronunciamentos categóricos sobre questões morais ou éticas

- atacar a tradição religiosa, a nacionalidade, o partido político ou a raça de outra pessoa

A maioria dessas coisas são apenas senso comum – até nos animarmos durante uma conversa em uma festa e acordarmos no dia seguinte cheios de ansiedade por ter dito aquela coisa inadequada para uma pessoa completamente desconhecida.

Agora que já vimos uma série de coisas que poderíamos evitar em uma conversa, eu gostaria de compartilhar algumas sugestões de coisas que poderíamos fazer de forma ativa durante uma conversa para nos afastarmos da ansiedade e caminharmos em direção a uma sensação de bem-estar. A primeira delas é ouvir profundamente a outra pessoa. Como diz o provérbio chinês: "Dois bons falantes não valem um bom ouvinte". O simples fato de ouvir alguém e fazer as perguntas certas permite que a pessoa relaxe na conversa, sabendo que será escutada.

A escuta profunda é uma prática genuína. Assim como focamos em nossa respiração durante a prática de shamatha, neste caso o objeto da nossa atenção é o som da voz da outra pessoa. Isso significa que, quando surgirem pensamentos como "Eu concordo!" ou "Preciso contar essa história para ela", além de não interromper a pessoa, nós também reconhecemos esses pensamentos e voltamos a ouvi-la. Não ficamos planejando o que dizer quando chegar a nossa vez, ou desenvolvendo estratégias para consertar o problema que ela está nos apresentando – nós apenas escutamos. Quando for a nossa vez de falar, nós teremos uma compreensão mais plena do que está acontecendo e seremos capazes de falar a partir do momento presente e da nossa própria consciência intuitiva, que no fim das contas é muito mais hábil.

A próxima coisa talvez seja compartilhar aspectos da sua

vida que você julgue significativos. Nós não precisamos ficar nos gabando das nossas muitas conquistas. Em vez disso, você pode refletir sobre algo que te pareceu gratificante naquele dia ou naquela semana. Dessa forma, provavelmente o que vai sair dos seus lábios não é "Eu consegui aquela promoção no trabalho" (embora não haja nada de errado em compartilhar essa novidade com alguma amiga antiga), mas sim "Ontem eu descobri um parque para cachorros e me comovi muito observando os cachorros brincando com seus tutores". Normalmente, essa fresta de vulnerabilidade, ao revelar as pequenas coisas que nos parecem significativas, leva a conversa para um lugar muito positivo.

Essa última parte eu não aprendi em nenhum texto budista tradicional, mas sim com meu amigo Dev Aujla. Ele é o tipo de pessoa que sempre tem cinco projetos diferentes acontecendo ao mesmo tempo, por ter interesses tão variados. Atualmente ele ocupa uma posição interessante como olheiro de uma grande firma, acabou de lançar seu segundo livro sobre como conquistar um emprego com sentido e a história de amor entre ele e sua esposa é tão linda que acabou de virar uma matéria do jornal *The New York Times*.

Ainda assim, se você encontrar com ele em uma festa, ele nunca vai começar falando de suas muitas conquistas. Em vez disso, ele contará sobre uma aula que está fazendo com um grupo que descobriu pela internet, sobre uma leitura interessante em que se engajou há pouco tempo ou sobre a visita recente de sua mãe à cidade e o que eles fizeram juntos. São coisas que deixam o Dev empolgado e, por isso, são as coisas que ele oferece para gerar uma conexão de coração com as outras pessoas. Quando ele tem a oportunidade de se relacionar com alguém por meio de uma conversa, ele começa com um senso de vulnerabilidade. Por conta disso, ele tem muitos amigos que o consideram um cara autêntico e sentem que podem ser abertos e honestos com ele.

É claro que, às vezes, uma conversa acaba tomando um rumo desagradável e a outra pessoa faz uma pergunta que nós não nos sentimos confortáveis em responder. Nós não precisamos seguir o caminho que ela abriu apenas para sermos parte do time. Se alguém perguntar "Por que você saiu do seu emprego do nada? Era um trabalho dos sonhos!", talvez você decida aceitar o conselho de Philip Galanes, colunista do *The New York Times*, e responder com outra pergunta: "Por que a pergunta?" Ele disse o seguinte: "Essa é a minha resposta padrão para perguntas enxeridas. Ela diz, de forma gentil: 'Por que você acredita que tem o direito de me perguntar isso?' Depois de ouvi-la, muitas pessoas vão perceber o que estão fazendo e redirecionar a conversa". Outra opção é usar a referência[6] que desenvolvi quando estava oferecendo um longo retiro de meditação junto à minha amiga Susan Piver:

Pare. Faça uma pausa na conversa para deixar claro que a dinâmica mudou.

Entenda. Faça perguntas para chegar ao âmago do motivo pelo qual a outra pessoa está seguindo por esse caminho no diálogo. Se não for "Por que a pergunta?", pode ser "O que te

---

6 Nota do editor: Em inglês, cada um dos termos forma um acrônimo em homenagem à Susan Piver. Infelizmente, o acrônimo se perde na tradução. Originalmente, o acrônimo é: SUSAN (Stop, Understand, Speak, Acknowledge, Notice).

240

faz pensar isso?" ou "Será que esse é o melhor momento para falar nesse assunto?"

Fale de forma clara e precisa, na hora de responder.

Alinhe sua percepção sobre o que ela disse: "Eu entendi direito o que você falou?"

Note como você se sente. Depois de um pouco de diálogo para esclarecer a perspectiva dessa pessoa, você está se sentindo bem ou para baixo? Se for a segunda opção, talvez seja uma boa ideia partir para outra conversa.

Isso nos traz ao tópico de como terminar uma conversa. Um simples "Eu adoraria botar o assunto em dia outra hora" faz com que a pessoa se sinta reconhecida de forma sincera. Se você nunca mais quiser vê-la, um "Foi muito interessante te conhecer" pelo menos é verdadeiro. Talvez seja coisa minha, mas eu acho que ser capaz de explorar as excentricidades de qualquer um é, no mínimo, interessante.

UM PARÊNTESE SOBRE E-MAIL

Muitos de nós já ficamos horas olhando para uma tela de computador, lendo e relendo uma mensagem antes de enviar, para garantir que o nosso ponto de vista pudesse ser ouvido de forma adequada e clara. Isso pode ser algo estressante, porque essa mensagem será recebida por alguém e não temos a menor ideia de quando ela vai ver, como ela vai reagir quando perceber (mais um) e-mail na caixa de entrada ou como ela vai responder quando clicar para abrir. Apesar de estarmos acostumados a depender dessa forma de comunicação para tudo, desde falar um "Oi! Como você está?" ou comunicar notícias importantes e fazer rápidas transações empresariais, muitos de nós não paramos para pensar como utilizar essa ferramenta de comunicação de forma hábil.

Para resumir, nós podemos tratar o e-mail como uma extensão da fala. É uma boa ideia sempre levar em consideração o fato de que o texto que você escrever será recebido pela pessoa sem o seu tom de voz ou as suas expressões faciais, por isso é importante escolher as palavras com cuidado.

Uma coisa que descobri ser importante, no meu trabalho, é lembrar que por trás de cada e-mail existe um ser humano sofrendo. Essa pessoa está passando por questões próprias no dia de hoje, sejam elas grandes ou pequenas. Caso você receba um e-mail seco, talvez a pessoa apenas esteja tendo um dia ruim e isso não tenha nada a ver com você. Em relação ao envio, antes de clicar em Enviar, separe alguns instantes para refletir sobre de que forma o seu texto e (na medida do possível) o tom das suas palavras podem ser recebidos, e veja se é necessário editar ou cortar algo. O que pode ajudar é dizer somente o que você diria para a pessoa – ou até mesmo sobre a pessoa – se ela estivesse na sua frente.

Outro ponto para levar em consideração tem a ver com o trabalho emocional que nós fizemos no início do livro. Eu não recomendo enviar nada em meio a um acesso de raiva ou qualquer outra emoção intensa. Em vez disso, nós podemos ficar com essas emoções e levá-las para a almofada de meditação. Muito antes de inventarem o e-mail, Confúcio declarou: "Se você está feliz, não prometa nada. Se você está com raiva, não

envie uma carta". Em outras palavras, não permita que as suas emoções te façam dizer algo que você gostaria de não ter dito. Já que você não pode prever aonde suas palavras vão chegar, você precisa escolhê-las com cuidado para não criar mais situações estressantes para si ao longo da jornada.

Não importa onde estejamos – sentados para jantar com nosso parceiro ou parceira, prestes a enviar um e-mail ou conhecendo pessoas novas em uma festa –, nós podemos começar a enxergar a nossa fala como uma atividade sagrada. A partir dos ensinamentos fundamentais do Buda sobre Sabedoria na Fala, podemos aprender como não perpetuar o sofrimento (tanto nosso quanto da pessoa com quem estamos falando) e até mesmo começar a utilizar nossa fala de forma benéfica e gentil. Quando repousamos em nossa própria experiência da bondade básica, é mais fácil conseguir enxergar as pessoas pelo que elas são, elogiá-las e oferecer palavras de incentivo. Quando estamos presos na ansiedade, podemos acabar trincando nossos dentes e esperando que a outra pessoa cale a boca para que, finalmente, nós possamos falar sobre nós mesmos e sobre as nossas questões. Por termos trabalhado com a nossa mente, descobrimos que possuímos a liberdade de empregar a nossa fala como uma ferramenta para beneficiar os outros e a nós mesmos, aprofundando conexões de coração e permitindo que este exato momento e esta exata conversa sejam a experiência que nos leve da ansiedade à lucidez.

35. ERROS E DESCULPAS

Por sermos seres humanos, nós cometemos erros. Fazemos com que os outros sofram. Ferimos as pessoas que amamos e sentimos arrependimento. Mas, sem errar, não há como aprender.

- THICH NHAT HANH *(HOW TO LOVE)*

Todos cometemos erros (Deus sabe o quanto eu erro). O que podemos fazer quando isso acontece? Chafurdar em meio à ansiedade e à culpa, permitindo que elas nos consumam? Ou nos colocar à altura e nos aproximarmos do nervosismo que podemos sentir em relação a essa situação, para tentar consertar as coisas e talvez até pedir desculpas?

Quando percebo que feri alguém de forma não intencional ou que meti os pés pelas mãos, eu penso no nosso amigo do século XI, o mestre budista Atisha. Não por ele também fazer

esse tipo de coisa (embora, sendo humano, deva ter feito), mas por causa de um último aforismo que eu quero apresentar: "Reúna todas as acusações em si". Isso significa que nós precisamos procurar o papel que desempenhamos em qualquer situação e reconhecer nossas cagadas. Não é fácil pegar todas as acusações por algo que tenha dado errado nas nossas relações e reuni-las em si, carregando nos seus próprios ombros, mas normalmente é um bom começo – se quisermos ir além dos erros que cometemos e, idealmente, consertar as coisas.

Como eu já disse, estou escrevendo grande parte deste livro em 2020, durante a pandemia do coronavírus. Durante esse período, milhões (milhões!) de pessoas estão em quarentena nas suas casas – e muitos de nós não estamos acostumados a ficar tantas semanas confinados em um ambiente restrito, junto das pessoas que amamos. Para falar a verdade, minha esposa e eu nos damos muito bem e já estamos acostumados a trabalhar de casa ao mesmo tempo, transitando pelo espaço e arrumando a bagunça do outro. Mesmo assim, depois do primeiro mês de confinamento, quando eu estava limpando a caixa de areia dos gatos, ela começou a jogar o pior jogo do mundo para casais: "Por Que Você Está Fazendo Desse Jeito?" Aparentemente, lavar a caixa dos gatos na pia da cozinha não é algo tão desejável quanto fazer isso no banheiro. Quando ela levantou essa questão, eu me irritei e disse (com palavras muito específicas) que não tinha pedido a ajuda dela. Ela saiu de perto e eu imediatamente senti um arrependimento enorme por ter tido uma reação desproporcional à cutucada dela. Quando eu percebi que a minha irritação tinha surgido a partir de um lugar de correria e falta de confiança, eu pedi desculpas. Ela, como de costume, muito rapidamente me perdoou.

Ao pedir desculpa por esse pequeno deslize, eu estava me expondo de uma forma vulnerável, o que normalmente leva a uma abertura recíproca para sermos vulneráveis ao mesmo tempo e encontrar uma cura a partir disso, em vez de apenas ficar na defensiva. Por isso, reunir todas as acusações em si é na verdade uma maneira prática de mudar essa dinâmica de agressividade com os outros.

Pedir desculpas (seja sobre a caixa dos gatos ou sobre algo muito mais sério) é uma prática de humildade e de relaxamento dos nossos pontos de vista rígidos. Na minha opinião, é uma verdadeira prática espiritual que inclui renunciar ao ego e se abrir para uma conexão a partir de um lugar de arrependimento autêntico. É algo que eu tenho conseguido fazer melhor a cada ano, desde pedir desculpas aos meus pais por ter sido malcriado quando era jovem até pedir desculpas a mulheres com quem eu fui insensível ou que eu magoei quando tinha meus vinte e poucos anos. O deputado John Lewis disse certa vez, durante uma entrevista: "Nós precisamos evoluir para esse plano, para esse nível no qual não sentimos vergonha em dizer para alguém: 'Eu te amo. Me desculpe. Perdão. Você pode me perdoar? Sinto muito'".

Outra maneira de olhar para essa ideia é através da lente de uma máxima do filósofo Baltasar Gracián: "Não transforme uma asneira em duas". A primeira asneira em uma situação pode ser algo pequeno, como esquecer o aniversário de um amigo ou amiga sem falar absolutamente nada, ou algo imenso, como dormir com o marido ou a esposa dessa pessoa no dia do aniversário dela. Em ambos os casos, você cometeu um

erro. É melhor não seguir acrescentado outros erros por cima. Nesse cenário, a segunda asneira seria não lidar com a situação de forma direta e adequada e não tentar consertar as coisas.

Eu gosto de mencionar que qualquer entendimento que eu tenha sobre budismo vem de estudar junto a grandes professores de sabedoria e, se existe algum erro a ser cometido no caminho espiritual, pode ter certeza de que eu cometi todos. Às vezes esses erros foram nas minhas negociações profissionais, por ter formado parcerias com pessoas com as quais eu provavelmente não deveria ter formado, ou na minha vida amorosa (especialmente na época em que eu era solteiro). No entanto, sempre que existia alguma forma de consertar as coisas, eu tentei fazer isso – ainda que às vezes não tenha sido exatamente o que eu imaginava.

Erros acontecem. Eles fazem parte da vida. O ideal é que, quanto mais nos familiarizarmos com a nossa mente e com a nossa bondade básica através da prática da meditação, menos vamos estar com a cabeça nas nuvens cometendo erros pela vida afora. Um dos resultados da minha prática de meditação é que eu cometo cada vez menos erros dolorosos do que eu cometia há sete ou dez anos. Mas, quando uma asneira for cometida, nós podemos seguir o conselho de Atisha e reconhecer nossa responsabilidade, reunir as acusações diretamente sobre os nossos ombros e, em seguida, lembrar o conselho de Baltasar para nos relacionarmos com a situação de forma adequada.

Mas o que fazer quando você é a pessoa que se feriu por conta das ações de alguém? Infelizmente, no campo relativo, o conselho de Atisha só ajuda até certo ponto. Você pode examinar o seu papel em qualquer discussão que tenha acontecido, mas, se você não encontrar nenhuma acusação para reunir em si, talvez você precise segurar a onda ou então se colocar abertamente, a partir de um lugar de gentileza.

Em relação à parte de segurar a onda, John Bridges, colunista de etiqueta, uma vez escreveu o seguinte: "Quando um cavalheiro for submetido a um insulto consciente, seja em público ou em particular, sua resposta é simples: por ser um cavalheiro, ele não diz absolutamente nada".

Segurar a língua, às vezes, pode ser algo difícil de se fazer – mas se a outra pessoa não estiver em um momento da vida no qual ela consiga ver a ofensa cometida, ou se você apontar o que houve e ela não tiver consciência suficiente para tentar consertar as coisas, você pode escolher desejar tudo de melhor e não passar nem um segundo a mais do que o necessário na companhia dela. Às vezes, isso pode trazer uma sensação melhor do que a alternativa, que é exigir um pedido de desculpas. Por quê? Bom, como foi apontado por Philip Galanes, colunista do *The New York Times*: "Receber um pedido de desculpas que fomos forçados a exigir é algo tão satisfatório quanto preparar o próprio bolo de aniversário".

Por outro lado, há vezes em que você vai suspeitar que não falar nada em relação a uma situação apenas vai fazer com que essa ferida se prolongue ou até mesmo seja perpetuada pela pessoa no futuro. Nesse caso, você pode olhar para a situação e se perguntar: "Como eu posso lidar com essa ferida a partir de um lugar de gentileza?" Aqui, gentileza não é apenas uma questão de ser legal – na maioria das vezes, é uma questão de falar algo que a pessoa não quer ouvir, mas tendo em mente o

bem-estar de todos os envolvidos. Por vezes, quando nos sentimos feridos, queremos dar o troco e fazer a outra pessoa se sentir mal também. Pode ser que ela aprenda algo com aquilo ou não, mas pelo menos nós nos sentimos temporariamente vingados. Isso não é realmente gentileza, porque nós não estamos tentando beneficiar todos os envolvidos.

Em vez disso, ao se fazer essa pergunta você está encaixando sua resposta na perspectiva de encontrar uma maneira de essa pessoa poder aprender a partir da dor que causou e, apontando isso de forma gentil, permitir que ela pense duas vezes antes de agir assim no futuro. Mesmo dizer algo como "Eu não sei se você sabe, mas aquilo que você fez me machucou", já começa um diálogo – especialmente se compararmos com a versão mais curta e vingativa: "Vai se foder, babaca". Seja segurando a língua ou colocando-se abertamente, você não está desconsiderando ninguém ou fechando seu coração para a pessoa. Você está considerando a humanidade dela e enxergando como consertar as coisas a partir de um lugar de bodhichitta.

Esse aspecto de segurar a onda ou de se colocar abertamente, sempre mantendo o coração aberto, se encontra na raiz da questão da bondade básica. Caso alguma pessoa tenha agido mal em relação a você, seja esquecendo o seu aniversário ou dormindo com seu marido ou esposa, isso não é uma negação de que ela é basicamente bondosa. Ela possui a mesma semente de despertez, gentileza e coração aberto que você. Ainda assim, o fato de ela não estar em sintonia com sua própria bondade, e ficar perdida em meio à própria confusão e ao próprio sofrimento, a leva a agir de formas prejudiciais para si e para os outros. Todos nós já passamos por isso.

Mas aqui vai a parte complicada: o simples fato de que a pessoa não está agindo a partir de um lugar de bondade não significa que nós vamos desistir dela. Na verdade, como Chögyam Trungpa Rinpoche uma vez disse: "A essência da qualidade do guerreiro, a essência da coragem humana, é a recusa em desistir de qualquer pessoa ou de qualquer coisa". Não desistir de alguém é uma perspectiva muito avançada. O simples fato de que a pessoa está sentindo dor e, portanto, extravasando e causando dor nos outros não significa que ela está perdida para o mundo e não merece a nossa compaixão.

Se, nesse momento, você conseguir se lembrar da bondade básica dos outros, é mais fácil ter empatia e gerar compaixão no seu coração. Ao mesmo tempo, isso não significa que você precisa consertar os outros ou gastar seu tempo fazendo deles seu novo projeto da meditação. Você pode manter a pessoa no seu coração, desejar o melhor para ela e, ainda assim, saber que talvez você não seja a melhor pessoa com quem ela pode interagir. Talvez isso te liberte de grande parte da ansiedade que você sente sobre esse relacionamento.

Então, se essa pessoa vier te procurar para consertar as coisas, você estará em uma posição melhor para levar em consideração a dor e o pedido de desculpas dela do que estaria caso a tivesse desconsiderado. Sua raiva e seu ressentimento são como carvão quente: quando você segura com força, elas não machucam ninguém além de você. É melhor deixar isso para lá e seguir com a sua vida, desculpas aceitas.

36. VIAGENS DIFÍCEIS

Alguns, cansados por viagens para longe de casa,
Sofrem por estar longe de sua esposa
E de seus filhos, que amam e querem ver.
Eles não se encontram por anos a fio.

- Shantideva (O Caminho do Bodhisattva)

Para alguns de nós, viajar pode gerar muita ansiedade. Seja a trabalho ou a lazer, a tensão começa a surgir bem antes de entrar no avião. Nos dias que antecedem a partida, tiramos nossa mala do armário e começamos a antecipar quais coisas vamos esquecer de levar, fazemos complexas equações científicas em nossa mente pensando no tempo que vamos levar para chegar até o aeroporto e ficamos perdidos em meio ao temor do que vai acontecer se perdermos alguma perna da viagem.

Quando surge essa ansiedade por conta da viagem, normalmente precisamos fazer aquelas três respirações profundas e lembrar de ser pacientes com nós mesmos. Um conselho específico que eu levo comigo veio do livro *Real happiness at work*, da Sharon Salzberg, no trecho em que ela sugere três palavras mágicas para se ter em mente ao nos percebermos perdidos nas histórias sobre o que pode dar errado: "Algo vai acontecer". Ou eu vou chegar a tempo do voo ou não vou chegar a tempo do voo e vou dar outro jeito. Algo vai acontecer. Vai ficar tudo certo.

Talvez você revire os olhos quando eu te peço para ter paciência consigo (e tudo bem!). Neste contexto, a palavra paciência (traduzida do termo sânscrito *kshanti*) não é baseada apenas em esperar até conseguir fazer o que se quer – ela significa relacionar-se plenamente com uma situação, mesmo que seja algo incrivelmente frustrante ou incerto.

O grande professor budista tibetano Dudjom Rinpoche desmembrou a paciência em três maneiras de praticar: mantenha-se imperturbável ao sentir que algo te prejudicou, aceite com felicidade as dores da vida e faça a aspiração de chegar a uma compreensão verdadeira da realidade.

Não importa se você tem o costume de praticar paciência durante uma viagem de avião, de trem ou de carro – você pode se lembrar desse princípio para garantir que suas experiências durante a viagem sejam oportunidades de crescer no caminho espiritual.

VIAGEM AÉREA

Talvez você seja o tipo de pessoa que sente que, caso o voo não ocorra exatamente como o planejado, isso deve ser culpa

de alguém e essa pessoa deveria ser arrastada pelas ruas por te prejudicar dessa forma. Aquele momento em que você é a última pessoa sobrando na esteira de bagagem e percebe que a sua mala simplesmente não vai aparecer, porque foi extraviada, e você não sabe se vai vê-la novamente, pode ser realmente doloroso. No entanto, é o momento perfeito de se abrir para a perspectiva Vajrayana: você acaba de receber uma novíssima oportunidade de prática. Em vez de fugir dessa situação, você pode suavemente se aproximar da sua nova realidade e reagir com paciência – o que vai te fazer passar pela situação com muito menos estresse. Quando Dudjom Rinpoche disse que podemos praticar paciência ao nos mantermos imperturbáveis quando prejudicados, talvez não fosse exatamente a isso que ele estivesse se referindo, mas é um exemplo moderno e frequente de uma oportunidade única de praticar.

Seja embarcando no avião, percebendo-se na cadeira do meio entre o Sr. Roncador de um lado e a Sra. Rouba-Apoio-De-Braço do outro, ou ouvindo alguma falta de educação no guichê da companhia aérea, existem muitas oportunidades para perceber quando você está prestes a entrar em espiral e lembrar-se de que isso é uma chance de praticar. O especialista em etiqueta John Bridges uma vez disse que, durante um voo de avião, nós nos tornamos "membros de uma pequena comunidade, com suas próprias regras e códigos de conduta" que imperam pela duração do voo. Como diz o velho ditado: "O jeito de a pessoa fazer uma coisa é o jeito de ela fazer todas as coisas". Se você se apresentar, nessas pequenas ocasiões de viagem, a partir de um lugar interno de ansiedade e impaciência, você vai fortalecer esse padrão – o que fará com que você se apresente, nos aspectos mais importantes da sua vida, a partir dessa perspectiva. Perceber-se nesses momentos e caminhar rumo à paciência é algo que te permite plantar essas sementes, para se apresentar de forma mais paciente até mesmo nos aspectos mais difíceis da sua vida. Além disso, a paciência é uma qualidade que normalmente está em falta nesse tipo de sociedade – mas, se você consegue trazê-la para a linha de frente da sua imaginação, isso normalmente possui um efeito cascata nesse tipo de ambiente fechado.

TRENS

Agora há pouco eu mencionei as três formas ensinadas por Dudjom Rinpoche para praticar paciência, que incluíam aceitar com felicidade as dores da vida. Talvez nesse trecho você tenha achado que eu fui longe demais. Então vamos ver um exemplo extremamente comum de quando essa forma de paciência é algo útil. Quando você está no metrô, a caminho de uma reunião importante, e ele para por conta de algum atraso, sem maiores explicações, é algo no mínimo frustrante – e, no máximo, aterrorizante. Será que, nesse momento, você consegue fazer uma pausa, olhar para os outros indivíduos que também estão no vagão, presos na mesma situação que você, e mudar o roteiro interno de "obstáculo diante do que eu quero que aconteça" para "oportunidade de prática"? Fazer isso talvez te leve a um lugar de maior paciência e compreensão, o que pode ajudar a passar por essa situação de um jeito muito melhor.

Não importa se você está em uma viagem de trem ao redor do país ou simplesmente tentando chegar ao trabalho de metrô: nós podemos desacelerar e agir de forma compassiva. Ter consciência de que nós estamos todos no mesmo barco pode abrir o nosso coração e redirecionar o nosso foco de "eu e meus problemas" para "estamos fazendo o nosso melhor, coletivamente". *Algo vai acontecer.* Essas três palavras mágicas são uma coisa boa de se lembrar nesses momentos.

AUTOMÓVEIS

A última forma de paciência recomendada por Dudjom Rinpoche é quando olhamos para a vida segundo seus próprios termos, o que normalmente se traduz como algo bastante alinhado com a perspectiva Vajrayana: "ter a aspiração de chegar a uma compreensão verdadeira da realidade". Isso significa que, quando os seus planos forem por água abaixo, você pode soltar tudo e olhar para a realidade não como você gostaria que ela fosse ou como ela costumava ser, mas como ela é – sem filtro. Se você for capaz de permanecer com a situação tal qual ela é, você tem uma oportunidade de enxergá-la de forma mais clara e responder a partir de um lugar interno de verdadeira despertez.

Um exemplo relativamente tranquilo é quando você, para ser um companheiro ou companheira legal e paciente, fica esperando dentro do carro enquanto a outra pessoa está demorando um tempão para ficar pronta para a viagem – talvez você sinta a tentação de dirigir mais rápido para compensar o tempo perdido. Isso faria vocês dois correrem um risco desnecessário e iria testar a paciência da sua esposa ou marido (algo que eu tento fazer o mínimo possível), assim como daquela senhorinha bondosa que você fechou e agora está te mostrando o dedo do meio.

Em vez disso, ao embarcar em uma viagem de automóvel, aceite que ela vai demorar o quanto o Google estiver dizendo que ela vai durar, com uma tolerância de alguns minutos para mais ou para menos, e relaxe. Ganhar do relógio não é algo que fica bem em ninguém – exceto em jogadores de basquete. É melhor aceitar a realidade tal qual ela é e se aproximar dela com paciência.

Um exemplo menos tranquilo seria quando os seus planos de viagem vão inteiramente por água abaixo e você se encontra em uma situação desconfortável e sem chão, em meio a um lugar imprevisto. Será que, nesse momento, você consegue olhar para a sua nova realidade e relaxar com as coisas tais quais elas são? Se você estiver praticando meditação com regularidade, pode ter certeza de que o vento está a seu favor.

Em todas essas regras de viagem existem dois denominadores comuns. O primeiro é que, ao usar a viagem como uma forma de praticar paciência, nós nos sentimos melhor em relação a essa experiência. O segundo é que começamos a nos tornar mais compreensivos e compassivos com relação aos outros.

UMA PRÁTICA EM TEMPO REAL PARA VIAGENS

Da próxima vez em que você se sentir impaciente durante o trajeto entre sua casa e o trabalho, separe alguns instantes para

se conectar com o seu corpo. Faça um breve escaneamento corporal, perceba o peso do seu corpo na superfície, a gentil elevação da coluna e relaxe os músculos do seu rosto, deixando que a sua mandíbula se abra. Perceba como você está respirando e dê algum tempo para que sua respiração relaxe no seu ritmo natural. Então eleve seu olhar e simplesmente relaxe sua mente por alguns instantes. Repouse sem focar sua atenção em qualquer objeto específico.

Agora olhe para as pessoas ao seu redor. Separe um momento para contemplar como elas devem estar se sentindo e se vocês têm alguma emoção em comum. Caso você perceba alguém passando por um momento difícil, faça de forma silenciosa a aspiração "Que você possa se sentir em paz". Veja se você consegue relaxar com essa compreensão e essa empatia por ela, em conjunto com a percepção de que nós estamos no mesmo barco.

37. AMOR DE VERDADE NOS RELACIONAMENTOS

No fim das contas, não há nenhum desejo tão profundo quanto o simples desejo por companheirismo.

- GRAHAM GREENE (*MAY WE BORROW YOUR HUSBAND?*)

A única coisa que o Graham Greene se esqueceu de comentar, na citação acima, é que desse desejo por companheirismo surge muita ansiedade. Vamos dar uma olhada em como lidar com o estresse que a vida amorosa moderna e os relacionamentos podem trazer e como passar por ele a fim de nos conectarmos com o amor de verdade que flui de forma ininterrupta.

ENCONTROS AMOROSOS

O livro *Romance moderno*, de Aziz Ansari, descreve um fenômeno que acontece quando as pessoas se sentem oprimidas pelo problema de ter escolhas demais no que se refere a potenciais parceiros românticos. Em um capítulo lindo, ele descreve uma visita a uma casa de repouso da terceira idade em que ele ouviu, uma vez após a outra, histórias sobre pessoas que conheceram seus parceiros por viverem no mesmo quarteirão, frequentar a mesma escola ou até morar no mesmo andar do prédio. Nessa época, o mundo das pessoas era relativamente pequeno e as escolhas disponíveis para potenciais cônjuges eram limitadas.

Hoje em dia existem inúmeras formas de buscar o amor. Juan, um membro da comunidade MNDFL, estava usando o aplicativo de meditação Insight Timer e percebeu que tinha uma mulher que sempre meditava no mesmo horário que ele – só que na Noruega. Dá para imaginar a minha surpresa quando, alguns meses depois, ele me apresentou a ela: eles tinham se conectado pelo aplicativo e ele a havia convidado para passar um tempo com ele a fim de tentarem construir uma relação. Quando chegamos ao ponto de conhecer potenciais parceiros amorosos em aplicativos de meditação, é porque entramos num campo de possibilidades ilimitadas.

Mas com essas possibilidades ilimitadas aparentemente vem também um estresse ilimitado. Como saber se alguém é um bom par? Através de uma foto da pessoa acariciando um animal de estimação (ou, Deus me livre, um tigre) no aplicativo de encontros? Pelas piadas durante o flerte por mensagem? Ou conversando de verdade com a pessoa e ouvindo o som da voz dela? Talvez isso seja meio antiquado da minha parte, mas hoje em dia a única forma de sair da nossa própria mente (em relação a como a pessoa *talvez* seja) é sentar para conversar com ela pessoalmente, para ver como ela de fato é.

Na hora de trazer nossa mente meditativa para dentro da equação levemente estressante dos encontros, nós precisamos perceber que a pessoa com quem estamos nos sentando para conversar merece a nossa presença por inteiro, desde o momento em que começamos a flertar (seja em um encontro, em um aplicativo ou em uma festa) até o fim do nosso tempo juntos.

Em um nível prático, isso significa que, ao se sentar para conversar com essa pessoa, você pode entrar em contato com o seu próprio corpo e perceber como está se apresentando para ela. Mesmo algo tão sutil quanto a sua postura pode convidar ou distanciar a presença da pessoa que está à sua frente. Você pode tentar adotar uma postura digna, porém relaxada – como faria na meditação.

Uma forma de pensar nisso é refletir sobre o conselho que eu recebi quando era criança: meus instrutores de meditação me diziam para meditar como um rei ou uma rainha se sentariam no trono real. Mesmo no conforto da minha casa, o simples fato de pensar nesse conselho já faz com que eu me sente um pouco melhor diante do meu computador. Em termos da nossa postura física, o equilíbrio entre relaxamento e abertura mostra para a pessoa que nós estamos receptivos a quem ela é e ao que ela está dizendo.

Para dar um passo além, você pode praticar a escuta profunda, focando sua atenção na conversa e permanecendo plenamente presente com ela, como já vimos antes. Em vez de focar em suas ideias rígidas de "Onde isso vai dar?" ou "Será que ele/ela gosta de mim?", você pode abandonar seus planos e ter uma curiosidade genuína em relação à pessoa. Não importa se você acha que talvez queira estar com essa pessoa por muitos anos ou apenas por uma noite – veja se você consegue estar presente a ponto de abandonar esses pensamentos sobre o futuro e encontrar algo que pode apreciar em relação à companhia dela. Mesmo que no fim da noite você não esteja sonhando com um casamento, isso não significa que você precisa ficar distante. É possível descobrir um grande prazer em simplesmente conhecer outra pessoa.

Agora há pouco eu mencionei a ideia de deixar de lado suas opiniões rígidas sobre alguém, certo? Bom, se eu fosse você, iria tentar argumentar contra isso. Talvez você possa dizer algo como: "Mas, Lodro, na verdade para mim é realmente importante que um parceiro ou parceira..." (preencha o restante com qualquer uma dentre inúmeras descrições possíveis).

Vamos tentar um exercício rápido: faça uma lista de tudo o que você gostaria que a pessoa ideal tivesse. Escreva em um papel. Você pode listar atributos físicos, temperamento e até mesmo passatempos. Em seguida dê uma bela olhada para absorver o que você escreveu. Por fim, amasse o papel e queime-o de forma segura.

Embora isso possa parecer meio dramático, muitos de nós ficamos perdidos em meio a nossas rígidas expectativas do que julgamos precisar em uma pessoa para sermos felizes namorando. Essa rigidez significa que não estamos de fato passando tempo com ela com o coração aberto, tendo curiosidade sobre a pessoa que estamos conhecendo, porque estamos constantemente tentando riscar uma série de pontos para determinar se essa pessoa é o "par" ideal que estamos buscando. Ao queimar nossa lista de expectativas, estamos abrindo mão de nossas ideias habituais sobre o que queremos – e isso nos deixa mais disponíveis para o mundo e para as pessoas ao nosso redor. Ficamos mais dispostos a tentar nos conectar com a bondade básica de todas as pessoas que conhecemos. Tente fazer isso, para ver se você sente uma abertura interna maior para conhecer novas pessoas e se descobre um interesse em simplesmente explorar que formas de conexão surgem.

RELACIONAMENTOS LONGOS

Começarei esta parte dizendo que isso não acontece só com você – acontece com literalmente todas as pessoas que estão em um relacionamento longo na face da Terra. Em algum momento você acorda ao lado daquela mesma pessoa, seja pela milésima ou pela milionésima vez, e o seu primeiro pensamento não é "Uau, quem é esta criatura mágica?", mas, sim, "Por que ela não consegue desligar o próprio alarme?". Sim, você chegou ao ponto em que talvez tenha começado a não valorizar tanto essa pessoa, outrora um encontro glorioso que se tornou sua relação amorosa de longo prazo.

É normal. Você não é nenhum tipo de ser monstruoso por sentir algum incômodo com as pequenas coisas da sua rotina compartilhada. Minha grande amiga, a autora e professora

budista Susan Piver, conta uma ótima história sobre entrar na cozinha e se sentir incomodada ao ver o marido de tantos anos parado, mexendo a sopa do jeito errado. Você sabia que existe um jeito certo e um jeito errado de mexer a sopa? Pois é, aparentemente existe, e o marido dela não tinha aprendido a diferença. Isso significa que ela não o ama? Claro que não. É apenas um exemplo maravilhoso de como os nossos parceiros românticos de longo prazo normalmente são a melhor matéria-prima para a nossa prática espiritual, já que provavelmente eles servirão de gatilho para um monte de neuroses. O poeta Rainer Maria Rilke disse o seguinte, observando que se apaixonar e sustentar o amor são coisas diferentes: "Amar outro ser humano é talvez a tarefa mais difícil que a nós foi confiada".

Sua esposa ou marido funciona como um daqueles espelhos de parque de diversões, que ao refletir também distorce algumas das confusões e aflições que já estão surgindo na sua mente. Quantas vezes você perdeu a cabeça com essa pessoa e depois admitiu (para si ou para ela) que você estava com várias histórias estressantes na cabeça e não tinha nada a ver com ela?

Por que nossos parceiros costumam ser os destinatários da nossa ingratidão e do nosso desdém, quando supostamente nós amamos essa pessoa? A resposta curta é que, ao longo dos meses ou anos, nós relaxamos e abrimos mão das ferramentas básicas que desenvolvemos durante a nossa prática de meditação: nós não nos empenhamos mais em ter gentileza, presença ou curiosidade em relação a ela. Quando estávamos tentando conquistar essa pessoa, nós a tratamos como uma convidada de honra na nossa casa. Agora talvez pareça, de vez em quando, que ela é aquela visita indesejada que vem de fora da cidade.

Quando começamos a namorar alguém, tudo é uma aventura de exploração. Nós escutamos de forma ativa cada palavra que a pessoa diz, absorvendo sua cultura – e como tudo parece fresco, achamos que ela é a pessoa mais única e mais interessante que nós já conhecemos na vida.

Conforme vamos nos conhecendo melhor, começamos a achar que... bem, que nós conhecemos a pessoa. A totalidade de quem ela é. Acreditamos que ela é uma entidade fixa que nunca muda ou desenvolve novos interesses. Quando eu e minha esposa começamos a namorar, por exemplo, ela despertou o meu interesse pelas cenas de amor cotidiano desenhadas pela artista coreana Puuung e, no aniversário dela, eu dei de surpresa uma capa de celular com uma dessas cenas. Algum tempo atrás eu percebi que ela tinha trocado a capa por outra.

Será que eu deveria me sentir incomodado pelo fato de que a minha esposa desdenhou do meu presente após alguns anos de uso? Claro que não. Eu percebi que, depois de anos olhando todos os dias para a capa da Puuung, talvez ela tenha ficado enjoada. Ela é uma mulher linda em constante transformação e evolução, cujos interesses provavelmente mudaram ao longo do tempo, assim como tantos aspectos de sua existência. Um problema maior do que jogar fora um presente de aniversário é o fato de que eu não fui atrás de descobrir por quais artistas ela está encantada *agora*. Como dá para ver, o que poderia ser um incômodo mundano, da minha parte, na verdade revelou para mim uma das muitas maneiras pelas quais eu não estava dando tanto valor à minha parceira. Eu percebi que, como seus artistas preferidos tinham mudado, provavelmente seu gosto musical, seus amigos mais próximos e seu estilo de moda também haviam se transformado bem na minha frente, enquanto eu estava apegado à ideia dela como um ser que eu "conheço".

Nós já falamos muito sobre ausência de ego e vazio: nós achamos que somos uma coisa e que o mundo ao redor é outra, acreditando que ambos existem de maneira sólida e fixa. Mas no fundo você sabe que está constantemente mudando – e provavelmente não discutiria comigo se eu afirmasse que você não é a mesma pessoa de anos atrás e que, seguramente, vai ser uma pessoa muito diferente daqui a alguns anos. Física, mental e emocionalmente, você está sempre em fluxo.

Esse senso sólido de "eu" que você tem, na verdade, é um conglomerado de cinco agregados: tudo o que você acredita ser sua forma física, seus sentimentos, suas percepções sensoriais, sua forma de gerar conceitos a respeito do que você percebe e um senso coordenador de "eu", que faz com que tudo seja sempre sobre você, você e você. Portanto, quando você olha para o seu namorado, o que você está vendo é o seu conceito do seu namorado e não a verdadeira natureza dele. Ainda assim, ele também é um conglomerado mutável e impermanente desses cinco agregados – e está te enxergando através dos próprios conceitos dele. Em meio a toda essa confusão, nada é tão estagnado quanto imaginamos e todos somos muito mais fluidos do que costumamos acreditar. Abrir mão de suas ideias fixas em relação ao outro é um passo rumo à perspectiva sagrada.

O passo seguinte é perceber que a única parte fixa do seu parceiro ou parceira de longo prazo é a bondade básica. Se você conseguir, mesmo em meio à irritação, lembre-se de que essa pessoa que você ama é, no seu âmago, bondosa, esperta, gentil e forte – talvez isso faça com que você sinta mais disposição em aliviar o lado dela. Talvez você se interesse em ter uma curiosidade gentil por essa pessoa, vendo-a como quem ela é hoje e não como quem você acha que ela se tornou ao longo dos anos.

Uma forma simples de acessar essa mentalidade é realmente escutar a pessoa e ver se ela traz à tona assuntos que você não ouviu antes, para investigá-los. Talvez ela comente sobre um novo podcast que está ouvindo, uma nova loja que visitou ou até mesmo um novo cliente no trabalho. Todas essas coisas são portais para explorar a forma como ela está se relacionando com o mundo de um jeito ligeiramente diferente. A partir desses pontos de acesso, é bacana comunicar o que você entendeu, para esclarecer e construir uma conversa acrescentando suas próprias reflexões. Esse tipo de repetição mostra que você respeita o que ela disse, que está fazendo um esforço para conhecê-la de novo e que você quer compreender quem ela é agora. Embora isso pareça meio cafona, eu e minha esposa às vezes nos olhamos durante o café da manhã e nos perguntamos, diretamente: "Quem é você hoje?" Essa simples pergunta liberta a pessoa da caixa de expectativas fixas que talvez nós tenhamos construído em nosso coração e permite que o amor flua livremente.

Embora eu venha falando muito sobre como se disponibilizar de forma atenta e sentir certa curiosidade em relação ao outro, grande parte da atenção plena e da compaixão em um relacionamento é simplesmente uma questão de relaxar o suficiente para ter tempo e espaço de se curtir. Quando você está realmente presente com a outra pessoa, a ansiedade sobre o que o futuro vai trazer se dissolve. Da mesma forma que você pode retornar para a sua respiração durante a prática formal de meditação, você também pode retornar para o que quer que esteja fazendo com o seu parceiro ou parceira. Nesses relacionamentos íntimos, normalmente a nossa presença comunica mais do que as nossas palavras são capazes de expressar. O silêncio do café da manhã juntos começa a ser algo confortável, porque estamos relaxando juntos e dando à outra pessoa o espaço para simplesmente ser a totalidade de quem ela é.

38. QUANDO O MUNDO DE ALGUÉM AMADO SE DESFAZ

O amor pode ter uma qualidade duradoura quando o transformamos em uma prática espiritual consciente.

- Sua Santidade o Karmapa, Ogyen Trinley Dorje
(The heart is noble)

Existe a ansiedade do dia a dia e existe a ansiedade do tipo a-vida-toda-se-desfez. Essas palavras podem significar coisas diferentes para cada pessoa: talvez seja a perda de um emprego, a morte súbita de uma pessoa amada ou um término ou divórcio inesperado. Em qualquer uma dessas situações, quando sentimos que a vida puxou o nosso tapete, uma emoção que pode surgir junto da ansiedade e do estresse é o luto.

Recentemente recebi um e-mail de uma pessoa que participou de um retiro de meditação comigo há muitos anos. O e-mail era bem longo e incluía muitas mágoas – dela própria, mas também sentimentos de medo e desespero em relação à sociedade. O auge da angústia, na conclusão do e-mail, era: "Sabe as pessoas com o coração grande? Elas cometem suicídio". Ler essas palavras trouxe lágrimas aos meus olhos.

Eu gosto muito dessa mulher. Ela é forte e justa e me chamou de babaca uma vez, quando um ensinamento específico que eu dei pareceu meio simplista para ela. Mas, segundo ela, eu respondi com humildade e essa experiência nos aproximou tanto que, quando ela me escreveu contando desse momento difícil, eu senti uma profunda empatia.

É realmente difícil viver no mundo de hoje em dia. O mestre zen Thich Nhat Hanh escreveu o seguinte: "Nunca na história da humanidade nós tivemos tantos meios de comunicação – televisão, rádio, telefone, fax, e-mail, internet –, e ainda assim permanecemos como ilhas, sem ter uma comunicação real entre nós". Coletivamente, nós parecemos apenas querer que as coisas sejam mais rápidas e que sejam mais eficientes – ao mesmo tempo em que lamentamos o fim das interações humanas. Como adolescentes se rebelando contra os pais compreensivos, nós lutamos contra o mesmo planeta do qual precisamos para sobreviver. No entanto, em algum momento, acaba sendo demais para algumas pessoas e elas não conseguem mais lidar com isso, e acham tudo difícil a ponto de se perguntar qual é o motivo de ainda estarem vivas.

Eu já tive ideações suicidas no passado e trabalhei com vários alunos de meditação que também tiveram. A ideia de pensar "Será que esta vida vale a pena?" é assustadora, e eu fico muito feliz de ver tantos de nós fazendo terapia, algo que pode nos oferecer ferramentas para olhar para as nossas próprias mentes e encontrar um caminho para ir além do sofrimento. Entretanto, o problema em relação à ideação suicida é que normalmente ela é um assunto particular. As pessoas sentem vergonha de ter esse tipo de pensamento – então pode ser que seu pai, sua irmã ou um de seus melhores amigos estejam passando por isso e você nunca fique sabendo dessa batalha.

Não importa o quanto queiramos, não dá para usar uma varinha mágica do amor e curar as pessoas com quem nos importamos. O que nós podemos fazer é oferecer uma presença constante de amor – algo que, como o Karmapa apontou na citação que abriu este capítulo, possui uma qualidade duradoura e espiritual. Uma forma de cuidar das pessoas na nossa vida é simplesmente se disponibilizar para elas com o coração e com a mente abertos.

Quando passamos muito tempo com alguém que amamos e apreciamos, acabamos presumindo uma série de coisas básicas sobre essa pessoa: a menos que ela esteja em prantos por conta de uma reviravolta profissional, pela perda de um relacionamento ou algum luto maior, nós normalmente presumimos que ela está bem – e a tratamos como se estivesse. Ainda assim, todo mundo está sofrendo e, por isso, devemos ser gentis. As pessoas em nossa vida que têm um coração grande – nós precisamos cuidar delas durante esse momento particularmente difícil da nossa sociedade. Para levar nossa prática de bondade amorosa para além da almofada, podemos contemplar pelo que essas pessoas que amamos estão realmente passando.

Traga à mente alguém que você aprecie: um amigo, um parceiro, um familiar ou até mesmo um animal de estimação. Imagine que esse ser está sentado à mesa em frente a você e fique com essa imagem por um minuto. Como está o seu coração agora? Talvez ele esteja aberto, sensível ou recheado de gratidão. Isso é grande parte do motivo pelo qual nós trazemos essas pessoas à mente durante a prática de bondade amorosa: a própria imagem delas ajuda a acender a chama do amor dentro de nós.

Na prática tradicional, nós vamos um passo além: recitamos frases de aspiração para elas. Dizemos "Que você possa ser feliz" e fazemos uma pausa. Nesse momento, pode ser que a sua mente vá para pensamentos tais como "Espero que ela tenha um aniversário feliz semana que vem" ou "O que será que seria *preciso* para que ela fosse realmente feliz?". Esses pensamentos não são ruins, nós estamos contemplando essa pessoa na nossa vida através de uma lente nova e curiosa, estamos enxergando-a de forma renovada e nos relacionando com suas batalhas. Ao mesmo tempo, estamos desejando que ela esteja livre de qualquer sofrimento pelo qual esteja passando.

A prática de bondade amorosa treina nossa mente e nosso coração a se manterem abertos e curiosos em relação às pessoas na nossa vida. Da próxima vez em que você encontrar esse indivíduo, veja se você consegue ouvi-lo melhor ou manter mais espaço na conversa para que ele revele partes de si que talvez você normalmente não perceba. No caminho Vajrayana, nós treinamos maneiras de permanecer com o que existe, em vez de precisar fazer muita coisa ou manipular a nossa experiência. Aqui, você não está mais almejando fazer a prática de bondade amorosa, mas sim incorporando os ideais do Vajrayana simplesmente permanecendo em um estado de amor desperto.

A prática da meditação é maravilhosa, mas nós precisamos perceber que, na verdade, estamos praticando os princípios de atenção plena e da compaixão para o restante da nossa vida. Nós levamos em consideração essas pessoas que estão próximas a nós, que possuem um grande coração, e aprendemos a não pensar que já sabemos como elas estão. Vemos tanto seu sofrimento quanto sua gentileza e os abraçamos em sua totalidade. Thich Nhat Hanh escreveu, certa vez: "Para amar alguém, você precisa estar cem por cento presente com essa pessoa. O mantra 'Eu estou aqui para você' significa que eu me importo com você, que eu gosto de estar na sua presença. Isso ajuda a outra pessoa a se sentir apoiada e feliz".

Várias vezes, quando desaceleramos e levamos em consideração a vida dessa pessoa que amamos, vemos que existem muitas coisas pelas quais costumamos passar batidos. A ação hábil nesse caso, tendo levado em consideração a perspectiva da outra pessoa, é se aproximar dela a partir de um lugar interno de curiosidade compassiva. Podemos começar com "Eu estou aqui para você", mas algumas outras perguntas que eu descobri serem úteis para dar prosseguimento a isso são:

- Como eu posso ajudar?
- Qual é o seu medo em relação a esse assunto? Existe alguma forma de eu ajudar a lidar com esse medo?
- Como a sua situação faz você se sentir?

Quanto mais curiosidade tivermos em relação a essa pessoa

amada, mais seremos capazes de trabalhar com elas a fim de desenterrar e curar seu sofrimento. Outra coisa que ajuda é celebrar quem ela é como pessoa: compartilhar pelo menos três qualidades positivas que você enxerga nela pode gerar um senso de apreciação e de estar sendo vista.

A bondade amorosa é uma forma segura de levar em consideração essas pessoas amadas quando estamos na almofada de meditação. Quanto mais tempo dedicarmos a isso, mais capacidade teremos de trazer perspectivas que as apoiem de forma hábil no longo prazo. Essas pessoas de coração grande podem sofrer muito às vezes. Então cabe a nós nos disponibilizarmos para elas da forma mais genuína e repleta de consideração que for possível.

Caso você seja a pessoa cujo mundo se desfez, talvez agora seja o momento de contatar uma dessas pessoas de coração grande e dizer: "Eu estou sofrendo. Você pode me ajudar?"

39. A ANSIEDADE NA FAMÍLIA MODERNA

Se você acha que atingiu a iluminação, vá passar uma semana com a sua família.

- Ram Dass

Existe uma comunidade particularmente amável e estressante da qual cada um de nós faz parte desde o momento em que nasce: nossa família. Ao contrário da sua comunidade religiosa, do seu clube do livro ou do seu grupo de amigos, você não escolhe a família da qual faz parte. Você simplesmente nasce nela e permanece nela até o momento em que morre. Alguns de nós não conseguem imaginar ficar uma semana sem falar com a família, enquanto outros estão longe de se relacionar com a sua. Cabe a nós decidir a medida em que queremos interagir com a nossa família e como a definimos, mas é algo do qual não podemos evitar de participar de uma forma ou de outra.

A série de televisão *Modern Family* retrata as experiências de uma família grande, composta de diversos núcleos: o avô/pai, que está no segundo casamento e possui um enteado e um filho desse novo casamento; a filha, que faz parte do estereótipo da "família nuclear", por ser casada com um homem e ter três filhos com ele; e o filho, que é casado com outro homem e adotou uma filha com ele.

A premissa básica da série (e minha longa tentativa de explicá-la) mostra que, nos dias de hoje, família é o que nós quisermos que seja – não uma questão de quem saiu da vagina de quem. É algo bem mais fluido do que isso. A especialista em etiqueta Millicent Fenwick, nos idos de 1948, definiu o termo "núcleo doméstico" como "uma unidade, um grupo de pessoas unidas, vivendo sob o mesmo teto". Eu gosto dessa forma de pensar sobre um núcleo familiar porque alguns de nós talvez pensemos em um colega de quarto, uma amiga muito próxima ou o cão que adotamos como sendo parte da família. Não importa de que forma você pessoalmente define a sua família e a sua sociedade doméstica, você provavelmente já sabe (por ter chegado até este ponto do livro) a importância de descobrir formas significativas de se disponibilizar para ela e reconhecer a bondade inata da sua situação familiar.

Existem muitos estágios diferentes na nossa relação com os membros da nossa família. Quando crianças, aprendemos com eles o que é adequado e gentil – e o que não é. Eles são nossos primeiros professores espirituais, para o bem e para o mal. No meu caso, meus pais já eram praticantes budistas há uns dez anos quando eu nasci e, por conta disso, eles foram capazes de incorporar os princípios da atenção plena e da compaixão de formas que eu internalizei subconscientemente, sem que eles precisassem me dizer que são coisas que deveríamos considerar como prioridades na nossa vida. Isso me faz ser muito grato a eles. Para alguns de nós, nossos responsáveis foram extremamente gentis e presentes. Para outros, talvez tenham sido grosseiros e ausentes.

Conforme ficamos mais velhos e nos aventuramos pelo mundo afora, acabamos sendo expostos a muitas perspectivas novas, que podem questionar alguns dos valores dentro dos quais nós fomos criados. Uma grande amiga minha chamada Yael Shy é responsável pela comunidade Global Spiritual Life na Universidade de Nova York. A cada ano, ela e seu time oferecem apoio espiritual para todos os estudantes – mas eu consigo perceber que ela se sente particularmente comovida pelos calouros que estão chegando. Existe um momento no qual os jovens de dezoito anos chegam à universidade e rapidamente descobrem que os valores que lhes eram tão caros, enquanto cresciam, não são compartilhados por todos.

À medida que continuamos a amadurecer, podemos refletir sobre os princípios segundo os quais fomos criados e incorporá-los a uma versão adulta da espiritualidade que vivenciamos quando crianças – ou então partir para uma exploração completamente nova de uma tradição diferente. Em ambos os casos, temos esse momento, como adultos, em que percebemos que os valores que nos são caros foram parcialmente formados pela nossa família, mas também sofreram influência de amigos, professores, mentores, líderes espirituais e muito mais.

Então voltamos para visitar nossa família. Pensamos que temos um novo contrato com a vida, uma nova compreensão

da natureza do universo e que sabemos o que move cada coisa. Estamos prontos para exibir a versão nova e evoluída de nós mesmos para a nossa família. O que acontece? Se você é como eu, no instante em que entra pela porta você cai nos mesmos padrões da sua criação e, depois de dez minutos, talvez esteja reclamando que não quer colocar o lixo para fora – da mesma forma rebelde que fazia quando era adolescente.

Essa é a regra básica do carma: nós temos formas habituais e fortemente arraigadas de pensar sobre nós mesmos, sobre nossa família e sobre o mundo ao redor. Essas ideias nos levam a fazer as mesmas coisas repetidas vezes, a menos que consigamos ultrapassar aquele padrão específico. Na visão budista de longo prazo, nós temos jogado com os mesmos padrões de paixão, agressão e ignorância ao longo de muitas vidas, com várias versões de famílias. Tendo dito isso, você não precisa acreditar em vidas passadas para saber que, quando você está reclamando de forma adolescente com o seu pai, é porque você costumava reclamar com o seu pai quando era adolescente.

Todos nós temos nossos padrões profundamente arraigados com a nossa família. É a forma padrão para saber como nos relacionar uns com os outros, quem desempenha qual papel e como expressamos amor entre nós. Existem dinâmicas específicas entre pais e filhos, irmãos, sobrinhos e por aí vai. Se não formos cuidadosos, vamos acabar perpetuando esses padrões e dinâmicas por pura preguiça.

Se a vida fosse um videogame, eu acho que o chefão, no fim do último nível, seria a sua dinâmica familiar. Muitas famílias têm uma mentalidade do tipo "Isso funcionou até agora para nós, ninguém matou ninguém por aqui" e, por conta disso, não querem mudar a forma costumeira de fazer as coisas.

No entanto, se você estiver de saco cheio de se relacionar da mesma forma com os seus padrões familiares negativos e pouco úteis, lembre-se do conselho de Chögyam Trungpa Rinpoche que eu compartilhei anteriormente: "Tudo é predeterminado... exceto daqui para a frente". Da próxima vez que você estiver ao telefone ou encontrar pessoalmente com algum membro da sua família, saiba que você tem a chance única de mudar o fluxo da forma costumeira de fazer as coisas.

Você pode se disponibilizar para essa pessoa e incorporar a atenção plena ao escutar profundamente, trazendo uma curiosidade gentil sobre a experiência dela a fim de desenterrar uma camada mais profunda de diálogo do que vocês normalmente têm um com o outro. Você pode sustentar um espaço para que ela fale sobre o que de fato tem passado pela cabeça dela, sem dar conselhos ou fazer julgamentos, e mostrar seu coração compassivo. Caso você sinta que a relação está meio emperrada, sinceramente, você pode ir a um lugar novo e tentar fazer algo diferente com ela, como experimentar uma comida nova ou dar uma caminhada – qualquer coisa que vocês nunca tenham feito juntos. Existem milhões de maneiras de levar nossa dinâmica familiar a um território novo, mas nós precisamos sacudir a poeira da nossa mentalidade habitual para conseguir fazer isso.

Ao nos disponibilizarmos dessa forma para os membros da nossa família, estamos adentrando um território incerto, o que pode ser assustador às vezes. Você tem uma ideia de quem essa pessoa é, por conta dos muitos anos juntos. Ao mudar a dinâmica do relacionamento, você está trilhando a paisagem que eu gosto de chamar de "É mesmo?" Será que essa pessoa realmente é como você acha: teimosa, artística ou bem-sucedida? Será que ela é sempre assim? Ao se disponibilizar com atenção plena e compaixão para o membro da sua família, você está essencialmente abrindo mão da sua ideia preconcebida sobre quem essa pessoa tem sido – e abrindo-se para quem ela realmente é.

Dessa forma, estamos nos conectando com a bondade básica da pessoa e enxergando suas qualidades inatas de presença lúcida (lucidez plena), gentileza, força e sabedoria, em vez de encaixotá-la com nossas ideias sobre com quem ela deveria se envolver amorosamente ou que tipo de trabalho ela deveria escolher. Quanto mais nos conectamos com sua bondade básica, mais abundantes ambos podemos nos sentir. Os nós de padrões negativos, nos quais acreditamos por anos, começam a se desfazer, o que nos dá a oportunidade de conhecer um ao outro de um modo completamente novo.

Mesmo que não encontremos com a nossa família frequentemente, podemos fazer contato de formas que nos pareçam ser significativas e continuar a fazer questão de mostrar (em vez de contar sobre) nossa experiência de atenção plena e bondade básica. Estamos aprendendo que podemos transcender o ato de "fazer" a prática e simplesmente incorporá-la, o que faz parte do caminho Vajrayana. Retornar para a nossa respiração durante a prática de meditação nos ensina a começar do zero, uma vez após a outra, e isso nos treina para recomeçar e abrir mão das ideias preconcebidas que temos sobre nossos amigos, nossa família e todas as pessoas que amamos. Assim, podemos continuar a conhecer cada vez mais profundamente nossa humanidade em comum e nossa bondade compartilhada.

CONCLUSÃO

> *É importante ficar presente, porque neste exato momento nós temos água potável para beber, ar limpo, não há nenhuma bomba explodindo ao nosso redor, nós temos saúde... A forma de se trazer de volta para este momento é simplesmente respirar. Essa é a maior ferramenta.*
>
> - RuPaul Charles (*Masterclass*)

Se você levar apenas uma coisa deste livro, espero que seja a consciência de que você não é a sua ansiedade – você é uma pessoa inerentemente inteira, completa e bondosa, exatamente do jeito que você é.

Os conselhos de prática servem para nos fazer pensar e tentar coisas novas a fim de beneficiar a nós mesmos, as pessoas que encontramos e o mundo como um todo. Mas, em primeiro lugar, precisamos reconhecer duas coisas: que a ansiedade não é algo contra o qual não temos nenhum poder e que a bondade está sempre disponível para nós.

Como apontado na citação de RuPaul, a forma mais rápida para atravessar a nossa ansiedade é relaxar no momento presente e simplesmente respirar. A maior ferramenta que eu posso te oferecer para lidar com a ansiedade é a prática de shamatha. Mas, em cada uma das práticas que nós vimos, nós sempre começamos direcionando nossa atenção a nós mesmos. Seja durante a prática de atenção plena à respiração ou na prática de bondade amorosa, é importante cuidar de nós mesmos e nos oferecer a bondade e o amor de que precisamos para florescer. Isso faz parte do caminho Hinayana e é a fundação que, em seguida, nos permite nos disponibilizarmos de forma autêntica para os outros.

Por meio da nossa exploração da atenção plena (tanto em relação à respiração quanto a emoções fortes), nós percebemos a importância de sermos mais gentis e amigáveis conosco. Pema Chödrön uma vez disse: "Desenvolver uma amizade incondicional significa dar o passo assustador de se conhecer. Significa ter disposição de olhar para si de forma clara e ficar consigo quando você quiser se fechar. Significa manter seu coração aberto ao sentir que o que está vendo em si é simplesmente vergonhoso demais, doloroso demais, desagradável demais, odioso demais". Em outras palavras, o ato da meditação e a alegria de aplicá-lo aos detalhes da nossa vida mostram a todos nós quem nós somos. Temos a oportunidade de conhecer as partes maravilhosas e criativas de nós mesmos, assim como as partes ansiosas e estressadas. Quanto mais você olhar para a sua relação consigo, mais verá que pode aceitar cada aspecto de quem você é. Você é uma pessoa inerentemente plena e completa. Uma pessoa basicamente bondosa. O veículo básico se fundamenta na percepção de que você não precisa fazer mal a si ou aos outros e na conexão mais profunda com a sua bondade inata.

Quando você relaxa no momento presente, percebe que debaixo do estresse existe um coração sensível e vulnerável, que anseia por amor. Como parte do caminho Mahayana, nós exploramos as Quatro Incomensuráveis: bondade amorosa, compaixão, alegria empática e equanimidade – além de várias práticas para abrir o coração e te permitir mudar o foco da atenção exclusivamente na sua ansiedade para levar em consideração o cuidado com os outros.

Os ensinamentos sobre compaixão fazem parte da face relativa do caminho Mahayana e são equilibrados pelos ensinamentos absolutos sobre a vacuidade – e eu preciso agradecer ao nosso caro amigo Atisha por seus aforismos que nos ajudam a lembrar que podemos abrir mão das histórias que contamos a nós mesmos e relaxar com a realidade tal qual ela é. Muitos dos conceitos de atenção plena e compaixão que nós estudamos são elevados à milésima potência quando estudamos os aforismos de treinamento da mente, que incluem gratidão, paciência e empenho em abrir o nosso coração para os outros.

Por fim, passamos brevemente pelos ensinamentos Vajrayana, olhando para a nossa vida cotidiana como um campo de treinamento para transformar a nossa ansiedade. Quando você se relaciona com seu dinheiro, com sua vida amorosa, com seu ambiente profissional e até mesmo com o seu trajeto matinal até o trabalho a partir de uma perspectiva de prática, provavelmente você perceberá que tem uma escolha: você pode gastar sua energia mental se perdendo em meio aos pensamentos ou retornar para o momento presente e encontrar a despertez em tempo real.

Como parte da perspectiva Vajrayana, nós estamos aprendendo que podemos praticar a meditação a ponto de começar a vivê-la. Não estamos tentando agir de forma atenciosa porque agora somos pessoas plenamente atentas. Essas qualidades se tornam a marca registrada da nossa existência. Dessa forma, por entendermos como nos prendemos e ferimos os outros e a nós mesmos, começamos a enxergar como as outras pessoas também se prendem e a como abrir o nosso coração para elas. Nós ansiamos por ajudar o mundo ao nosso redor e nos tornarmos pilares da compaixão, oferecendo nosso coração e nossa presença sempre que possível, onde quer que estejamos. Nós não meditamos para sermos melhores meditantes. Nós meditamos para nos familiarizarmos com a nossa própria bondade inata, para nos conectarmos com a bondade dos outros e para reconhecer a bondade da sociedade como um todo.

Em um nível externo, este livro é um guia sobre como viver uma vida na qual a ansiedade não domine a sua mente. Em um nível mais interno, é um guia para viver uma vida mais atenciosa e compassiva, através dos princípios budistas. Em um nível secreto, é sobre reconhecer nossa própria bondade básica, criar confiança nela e enxergá-la nos outros, para que possamos reconhecer a bondade inerente da sociedade.

Se conseguirmos aprender a amar os outros e a nós mesmos, e a enxergar a bondade de todos, nós poderemos mudar o mundo ao nosso redor. Ao trazer nossa expressão atenciosa e compassiva para cada aspecto da nossa vida pessoal, das nossas relações interpessoais e da sociedade da qual fazemos parte, nós criamos um efeito cascata e conduzimos o mundo para a direção certa. Mas isso são apenas palavras que eu ofereço. Cabe a você agir: fazer as práticas deste livro e ver se sua transformação é para melhor.

A notícia boa é que você tem um poder imenso de ajudar os outros. Você possui dentro de si tudo de que precisa para recuperar a sua mente, mudar sua relação com a ansiedade e, em última instância, fazer deste mundo um lugar melhor. Eu te agradeço por praticar – e estou aqui, ao seu lado, praticando também. Vamos deixar nossos padrões negativos para trás e mudar este mundo. Juntos.

NOTAS FINAIS

1. Emma Pattee, "The Difference Between Worry, Stress and Anxiety," *New York Times*, February 26, 2020, https://www.nytimes.com/2020/02/26/smarter-living/the-difference-between-worry- stress-and-anxiety.html.

2. Katie Hurley, "Stress vs Anxiety: How to Tell the Difference," PsyCom, https://www.psycom. net/stress-vs-anxiety-difference.

3. Katie Hurley, "Stress vs Anxiety: How to Tell the Difference," PsyCom, https://www.psycom. net/stress-vs-anxiety-difference.

4. Tom Ireland, "What Does Mindfulness Meditation Do to Your Brain?", *Scientific American*, June 12, 2014, https://blogs.scientificamerican.com/guest-blog/ what-does-mindfulness-meditation-do-to-your-brain/.

5. Tom Ireland, "What Does Mindfulness Meditation Do to Your Brain?" *Scientific American*, June 12, 2014, https://blogs.scientificamerican.com/guest-blog/ what-does-mindfulness-meditation-do-to-your-brain/.

6. Gil Fronsdal, *The Dhammapada: A New Translation of the Buddhist Classic with Annotations* (Boston, MA: Shambhala Publications, 2005), p. 1.

7. Thich Nhat Hanh, How to Love (Berkeley, CA: Parallax Press, 2015), p. 23.

8. Chögyam Trungpa Rinpoche, *Shambhala: Sacred Path of the Warrior* (Boston, MA: Shambhala Publications, 2007), p. 52.

9. Emmanuel Vaughan-Lee, "Radical Dharma: An Interview with angel

Kyodo williams," *Emergence*, https://emergencemagazine.org/story/radical-dharma/.

10 Sharon Salzberg, *Loving-Kindness: The Revolutionary Art of Happiness* (Boston, MA: Shambhala Publications, 1995), 93.

11 Zenju Earthlyn Manuel, *The Way of Tenderness: Awakening through Race, Sexuality, and Gender* (Boston, MA: Wisdom Publications, 2015), 45.

12 Chögyam Trungpa Rinpoche, T*raining the Mind and Cultivating Loving-Kindness* (Boston, MA: Shambhala Publications, 1993), 43.

13 The Dalai Lama. *The Dalai Lama Book of Quotes*, ed. Travis Hellstrom (Long Island City, NY: Hatherleigh Press, 2016), 23.

14 Thanissaro Bhikkhu (trans.), "Vaca Sutta: A Statement," *Access to Insight* (BCBS Edition), July 3, 2010, http://www.accesstoinsight.org/tipitaka/an/an05/an05.198.than.html.

15 The Karmapa, Ogyen Trinley Dorje, *Interconnected* (Somerville, MA: Wisdom Publications, 2017), 41.

16 The Karmapa, Ogyen Trinley Dorje, *Interconnected* (Somerville, MA: Wisdom Publications, 2017), 235.

17 Dza Kilung Rinpoche, *The Relaxed Mind: A Seven-Step Method for Deepening Meditation Practice* (Boston, MA: Shambhala Publications, 2015), xxiii.

18 Thich Nhat Hanh, *How to Fight* (Berkeley, CA: Parallax Press, 2017), 14.

19 Phrases for Stress, Joseph Goldstein, 10% Happier App (2018).

20 Pema Chödrön, "Pema Chödrön on Waking Up—and Benefiting Others," *Lion's Roar*, February 25, 2017, https://www.lionsroar.com/no-time-to--lose/.

21 Cleo Wade, *Where to Begin* (New York: Atria Books, 2019), 148.

22 bell hooks, *All about Love: New Visions* (New York: William Morrow, 2000), 95.

23 Thich Nhat Hanh, *Essential Writings* (Maryknoll, NY: Orbis Books, 2001), 149.

24 Chögyam Trungpa Rinpoche, *Shambhala: Sacred Path of the Warrior* (Boston, MA: Shambhala Publications, 2007), 12.

25 Adreanna Limbach, *Tea and Cake with Demons: A Buddhist Guide to Feeling Worthy* (Boulder, CO: Sounds True, 2019), 183.

26 John Lewis, interview by Krista Tippett, *On Being with Krista Tippett*, March 28, 2013, https://onbeing.org/programs/john-lewis-love-in-action-jan2017/.

27 Thich Nhat Hanh, *Essential Writings* (Maryknoll, NY: Orbis Books, 2001),97

28 John Lewis, interview by Krista Tippett, *On Being with Krista Tippett*, March 28, 2013, https://onbeing.org/programs/john-lewis-love-in-action-jan2017/.

29 bell hooks, *All About Love: New Visions* (New York City: William Morrow, 2000), 4.

30 Sharon Salzberg, *Loving-Kindness: The Revolutionary Art of Happiness* (Boston, MA: Shambhala Publications, 1995), 28.

31 Acharya Buddhakkhita, "Metta: The Philosophy and Practice of Universal Love," *Access to Insight* (BCBS Edition), November 30, 2013, https://www.accesstoinsight.org/lib/ authors/buddharakkhita/wheel365.html.

32 The Amaravati Sangha (trans.), "Karaniya Metta Sutta: The Buddha's Words on Loving-kindness," *Access to Insight* (BCBS Edition), November 2, 2013, https://www. accesstoinsight.org/tipitaka/kn/khp/khp.9.amar.html.

33 Sharon Salzberg, "Keeping Anxiety in Perspective," *Ten Percent Happier*,

February 25, 2020, https://www.tenpercent.com/meditationweeklyblog/keeping-anxiety-in-perspective.

34 Sharon Salzberg, *Loving-Kindness: The Revolutionary Art of Happiness* (Boston, MA: Shambhala Publications, 1995), 40–41.

35 Rev. angel Kyodo williams, Lama Rod Owens, and Jasmine Syedullah, *Radical Dharma: Talking Race, Love, and Liberation* (Berkeley, CA: North Atlantic Books, 2016), 96.

36 Thich Nhat Hanh, *Essential Writings* (Maryknoll, NY: Orbis Books, 2001), 103.

37 The Dalai Lama. *The Dalai Lama Book of Quotes*, ed. Travis Hellstrom (Long Island City, NY: Hatherleigh Press, 2016), 10.

38 Thich Nhat Hanh, *How to Fight* (Berkeley, CA: Parallax Press, 2017), 103.

39 A number of this organization's resources can be found at institutefor-compassionateleadership.org.

40 Pema Chödrön, *When Things Fall Apart: Heart Advice for Difficult Times* (Boston, MA: Shambhala Publications, 2000), 107–108.

41 Susan Piver, *The Four Noble Truths of Love: Buddhist Wisdom for Modern Relationship* (Somerville, MA: Lionheart Press, 2018) p. 146.

42 His Holiness the Dalai Lama and Archbishop Desmond Tutu with Douglas Carlton Abrams, T*he Book of Joy: Lasting Happiness in a Changing World* (New York: Avery 2016).

43 Thich Nhat Hanh, *How to Love* (Berkeley, CA: Parallax , 2015), 8.

44 Pema Chödrön, *Welcoming the Unwelcome: Wholehearted Living in a Brokenhearted World* (Boulder, CO: Shambhala Publications, 2019), 118.

45 Sharon Salzberg, *Loving-Kindness: The Revolutionary Art of Happiness* (Boston, MA: Shambhala Publications, 1995),150.

46 Thich Nhat Hanh, *Fidelity: How to Create a Loving Relationship That Lasts* (Berkeley, CA: Parallax Press, 2011), 81.

47 The Karmapa, Ogyen Trinley Dorje, *The Heart is Noble: Changing the World from the Inside Out* (Boston, MA: Shambhala Publications, 2013), 26.

48 Chögyam Trungpa Rinpoche, *Training the Mind and Cultivating Loving-Kindness* (Boston, MA: Shambhala Publications, 1993), 29.

49 Pema Chödrön, "How Lojong Awakens Your Heart," *Lion's Roar*, November 22, 2017, https://www.lionsroar.com/dont-give-up/.

50 Sharon Salzberg, "Maintaining Hope in Hard Times," T*en Percent Happier*, October 16, 2019, https://www.tenpercent.com/meditation-weeklyblog/ maintaining-hope-in-hard-times.

51 Traleg Kyabgon, *The Practice of Lojong: Cultivating Compassion Through Training the Mind* (Boston, MA: Shambhala Publications, 2007), 97.

52 Chögyam Trungpa Rinpoche, "Timely Rain," in *Timely Rain: Selected Poetry of Chögyam Trungpa* (Boston, MA: Shambhala Publications, 1998), 35.

53 At this point in my life, I find this particular barb to be more complimentary than I used to. My mother is really nice; you should meet her if you can.

54 Sharon Salzberg, *Real Happiness: The Power of Meditation* (New York, NY: Workman Publishing Company, 2010), 104.

55 Chögyam Trungpa Rinpoche, *Work, Sex, Money* (Boston, MA: Shambhala Publications, 2011), 195.

56 Chögyam Trungpa Rinpoche, *Work, Sex, Money* (Boston, MA: Shambhala Publications, 2011), 172.

57 David Chadwick (ed.), *Zen is Right Here* (Boston, MA: Shambhala Publications, 2001), 39.

58 Baltasar Gracián, *The Art of World Wisdom* (Boston, MA: Shambhala Publications, 1993), 60.

59 Millicent Fenwick, *Vogue's Book of Etiquette* (New York: Simon and Schuster, 1948), 16.

60 Philip Gollanes, *New York Times*, December 8th, 2016.

61 Thich Nhat Hanh, *How to Love* (Parallax Press, Berkeley, 2015), p. 67.

62 John Lewis, interview by Krista Tippett, *On Being with Krista Tippett*, March 28, 2013, https://onbeing.org/programs/john-lewis-love-in-action-jan2017/.

63 Baltasar Gracián, *The Art of World Wisdom* (Boston, MA: Shambhala Publications, 1993), 185.

64 John Bridges, *How to Be a Gentleman* (Nashville, TN: Thomas Nelson, 1998), 106.

65 Philip Gollanes, *New York Times*, March 9th, 2017.

66 Chögyam Trungpa Rinpoche, *Shambhala: Sacred Path of the Warrior* (Boston, MA: Shambhala Publications, 2007), 15.

67 Shantideva, *The Way of the Bodhisattva* (Boston, MA: Shambhala Publications, 2012), 118.

68 John Bridges, *How to Be a Gentleman* (Nashville, TN: Thomas Nelson, 1998), 38.

69 Graham Greene, *May We Borrow Your Husband?* (London: The Bodley Head, 1967).

70 The Karmapa, Ogyen Trinley Dorje, *The Heart is Noble: Changing the World from the Inside Out* (Boston, MA: Shambhala Publications, 2013), 25–26.

71 Thich Nhat Hanh, *How to Fight* (Berkeley, CA: Parallax Press, 2017), 8.

72 Thich Nhat Hanh, *How to Fight* (Berkeley, CA: Parallax Press, 2017), 103.

73 Millicent Fenwick, *Vogue's Book of Etiquette* (New York: Simon and Schuster, 1948), 235.

74 Pema Chödrön, "Smile at Fear: Pema Chödrön on Bravery, Open Heart & Basic Goodness," *Lion's Roar*, October 31, 2018, https://www.lionsroar.com/ smile-at-fear-pema-chodrons-teachings-on-bravery-open-heart-basic-goodness/.

AGRADECIMENTOS

Eu sempre fico comovido quando alguém lê os meus livros. Este é o sétimo deles, e o maravilhamento de você ter esta obra nas mãos e estar se envolvendo com ela, como se nós estivéssemos conversando à mesa de jantar, é algo que ainda é muito comovente para mim. Você é a melhor pessoa. Obrigado.

Este livro só existe graças a algumas pessoas adoráveis. Minha agente, Stephanie Tade, que acreditou nele e viu o que viria a ser antes de mim. Alice Peck, minha editora maravilhosa, que foi tão atenciosa em sua abordagem. Você me ensinou não apenas como melhorar este livro, mas como almejar ser um escritor melhor. Espero que eu não tenha te decepcionado. Dierdre Hammons utilizou seus olhos meticulosos para polir este conteúdo além do imaginável. Jess Morphew promoveu o meu trabalho de milhares de formas diferentes ao longo dos anos e fez um lindo trabalho com a capa e com o interior do livro[7]. Eu tenho a sorte de esta obra ter sido guiada por mulheres tão sábias e perspicazes.

Todo o meu amor e minha gratidão aos amigos que me pagaram bebidas, contaram histórias e sugeriram recursos para este livro, como Jeff Grow, Juan Carlos Castro, Ericka Phillips,

Laura Sinkman, Dave Perrin, Marina Acosta, Tom Krieglstein, Rodney Solomon, Matt Bonaccorso, Brett Eggleston, David Delcourt e Dev Aujla. Minha mãe, Beth Rinzler, sempre esteve presente para mim das formas mais importantes, pelo que eu sou extremamente grato.

Eu tenho a sorte de ter colegas, mentores e professores de muitas tradições budistas. Eu agradeço e espero honrá-los em meu trabalho: Susan Piver, Lama Rod Owens, Charlie Morley, Sharon Salzberg, Frank Ryan, Kilung Rinpoche e Thich Nhat Hanh, para mencionar apenas alguns indivíduos queridos.

Por fim, eu estaria perdido se não fosse minha esposa, Adreanna Limbach. Ela é tão incrivelmente gentil em apontar meus pontos cegos – o que foi fundamental para a forma final deste livro. Eu quero dizer rapidamente, em público, que todo e qualquer trabalho que eu faça para beneficiar os outros só é possível graças ao amor dessa mulher. Sua graciosidade, gentileza e discernimento me guiam de formas que talvez mesmo você nem sempre saiba. Eu te amo e te agradeço por concordar em passar sua vida comigo.

Muito obrigado a todos vocês por insuflar vida neste livro. Que ele possa ajudar muitas pessoas.

SOBRE O AUTOR

Lodro Rinzler é autor de sete livros sobre meditação, incluindo *Sentar tipo Buda* e *Guia do coração partido: conselhos budistas para as dores do amor*. Seus livros *Walk like a Buddha* e *The Buddha walks into the office* foram premiados pelo Independent Publisher Book Awards. Ele ensinou meditação por mais de vinte anos dentro da tradição budista tibetana e viaja frequentemente por conta de seus livros, já tendo palestrado ao redor do mundo em conferências, universidades e empresas tão diversas quanto a Google, a Universidade de Harvard e a Casa Branca. Ele mora no norte do estado de Nova York com sua esposa, Adreanna, e um enxame de seres peludos, e responde pessoalmente a cada mensagem enviada por seus leitores no site lodrorinzler.com

LODRO RINZLER

edição	1ª | julho de 2025
impressão	Gráfica Psi7
papel de miolo	Avena 80 g/m²
papel de capa	cartão supremo 300 g/m²
tipografia	Minion Pro e Korolev

 Os livros da Editora Lúcida Letra são como pontes para conectar as pessoas às fontes de sabedoria.
Para informações sobre lançamentos de livros sobre budismo e meditação acesse lucidaletra.com.br